中华人民共和国
农村土地承包法
注释本

法律出版社法规中心 编

·北 京·

图书在版编目（CIP）数据

中华人民共和国农村土地承包法注释本／法律出版社法规中心编．－－6版．－－北京：法律出版社，2025．（法律单行本注释本系列）．－－ISBN 978-7-5197-9825-3

Ⅰ．D922.325

中国国家版本馆CIP数据核字第20248GJ414号

| 中华人民共和国农村土地承包法注释本 ZHONGHUA RENMIN GONGHEGUO NONGCUN TUDI CHENGBAOFA ZHUSHIBEN | 法律出版社法规中心 编 | 责任编辑 李争春 装帧设计 李 瞻 |

出版发行 法律出版社	开本 850毫米×1168毫米 1/32
编辑统筹 法规出版分社	印张 8.5　字数 245千
责任校对 张红蕊	版本 2025年1月第6版
责任印制 耿润瑜	印次 2025年1月第1次印刷
经　　销 新华书店	印刷 涿州市星河印刷有限公司

地址：北京市丰台区莲花池西里7号（100073）
网址：www.lawpress.com.cn　　　　　销售电话：010-83938349
投稿邮箱：info@lawpress.com.cn　　　客服电话：010-83938350
举报盗版邮箱：jbwq@lawpress.com.cn　咨询电话：010-63939796
版权所有·侵权必究

书号：ISBN 978-7-5197-9825-3　　　　定价：28.00元
凡购买本社图书，如有印装错误，我社负责退换。电话：010-83938349

编辑出版说明

现代社会是法治社会,社会发展离不开法治护航,百姓福祉少不了法律保障。遇到问题依法解决,已经成为人们处理矛盾、解决纠纷的不二之选。然而,面对纷繁复杂的法律问题,如何精准、高效地找到法律依据,如何完整、准确地理解和运用法律,日益成为人们"学法、用法"的关键所在。

为了帮助读者快速准确地掌握"学法、用法"的本领,我社开创性地推出了"法律单行本注释本系列"丛书,至今已十余年。本丛书历经多次修订完善,现已出版近百个品种,涵盖了社会生活的重要领域,已经成为广大读者学习法律、应用法律之必选图书。

本丛书具有以下特点:

1. 出版机构权威。成立于1954年的法律出版社,是全国首家法律专业出版机构,始终秉承"为人民传播法律"的宗旨,完整记录了中国法治建设发展的全过程,享有"社会科学类全国一级出版社"等荣誉称号,入选"全国百佳图书出版单位"。

2. 编写人员专业。本丛书皆由相关法律领域内的专业人士编写,确保图书内容始终紧跟法治进程,反映最新立法动态,体现条文本义内涵。

3. 法律文本标准。作为专业的法律出版机构,多年来,我社始终使用全国人民代表大会常务委员会公报刊登的法律文本,积淀了丰富的标准法律文本资源,并根据立法进度及时更新相关内容。

4. 条文注释精准。本丛书以立法机关的解读为蓝本,对每个条文提炼出条文主旨,并对重点条文进行注释,使读者能精准掌握立法意图,轻松理解条文内容。

5. 关联规定全面。本丛书收录与法条关联的法律法规,帮助读者快速构建立体化知识体系。

6. 案例指引以案释法。本丛书收录与法条相关的典型案例,精准以案释法。读者可扫描相应的"有章"二维码获取部分案例原文。

7. 配套附录实用。书末"附录"部分收录的均为重要的相关法律法规,使读者在使用中更为便捷,使全书更为实用。

需要说明的是,本丛书中的"条文主旨""条文注释"等内容皆是编者为方便读者阅读、理解而编写,不同于国家正式通过、颁布的法律文本,不具有法律效力。本丛书不足之处,恳请读者批评指正。

我们用心打磨本丛书,以期待为法律相关专业的学生释法解疑,致力于为每个公民的合法权益撑起法律的保护伞。

法律出版社法规中心
2024 年 12 月

二、流转管理

农村土地经营权流转管理办法(2021.1.26) ………… 203
农村土地经营权流转交易市场运行规范(试行)(2016.
　6.29) ………………………………………………… 210

三、纠纷解决

中华人民共和国农村土地承包经营纠纷调解仲裁法
　(2009.6.27) ………………………………………… 215
农村土地承包经营纠纷仲裁规则(2009.12.29) ………… 225
农村土地承包经营纠纷调解仲裁工作规范(2013.1.
　15) …………………………………………………… 237
农业部关于加强基层农村土地承包调解体系建设的
　意见(2016.5.24) …………………………………… 249
最高人民法院关于审理涉及农村土地承包纠纷案件
　适用法律问题的解释(2020.12.29修正) ………… 252
最高人民法院关于审理涉及农村土地承包经营纠纷
　调解仲裁案件适用法律若干问题的解释(2020.12.
　29修正) ……………………………………………… 258

于进一步做好农村土地承包经营权确权登记颁证
有关工作的通知(2016.4.18) ………………… 132
中共中央办公厅、国务院办公厅关于完善农村土地所
有权承包权经营权分置办法的意见(2016.10.30) …… 136
中共中央、国务院关于稳步推进农村集体产权制度改
革的意见(节录)(2016.12.26) ………………… 142
中共中央、国务院关于深入推进农业供给侧结构性改
革 加快培育农业农村发展新动能的若干意见(节
录)(2016.12.31) ……………………………… 149
中共中央、国务院关于实施乡村振兴战略的意见(节
录)(2018.1.2) ………………………………… 151
农业农村部、国家发展改革委、财政部、中国人民银
行、国家税务总局、国家市场监督管理总局关于开
展土地经营权入股发展农业产业化经营试点的指
导意见(2018.12.19) …………………………… 153
中共中央、国务院关于坚持农业农村优先发展做好
"三农"工作的若干意见(节录)(2019.1.3) ……… 157

附录二 相 关 规 定

一、登记管理

不动产登记暂行条例(2024.3.10 修订) …………… 160
不动产登记暂行条例实施细则(2024.5.21 修正) ……… 167
农村土地承包合同管理办法(2023.2.17) ………… 195

第六十九条　农村集体经济组织成员身份确认 …… 95
第七十条　施行日期 …………………………………… 95

附录一　政策文件

中共中央关于全面深化改革若干重大问题的决定(节录)(2013.11.12) ………………………………… 97
关于全面深化农村改革加快推进农业现代化的若干意见(节录)(2014.1.19) ………………………… 98
国务院关于进一步推进户籍制度改革的意见(节录)(2014.7.24) ……………………………………… 99
关于引导农村土地经营权有序流转发展农业适度规模经营的意见(2014.11.20) …………………… 100
国务院办公厅关于引导农村产权流转交易市场健康发展的意见(2014.12.30) ……………………… 108
农业部、中央农村工作领导小组办公室、财政部、国土资源部、国务院法制办、国家档案局关于认真做好农村土地承包经营权确权登记颁证工作的意见(2015.1.27) ………………………………………… 114
农业部、中央农办、国土资源部、国家工商总局关于加强对工商资本租赁农地监管和风险防范的意见(2015.4.14) ………………………………………… 122
国务院关于开展农村承包土地的经营权和农民住房财产权抵押贷款试点的指导意见(2015.8.10) …… 127
农业部、财政部、国土资源部、国家测绘地理信息局关

	应承担民事责任 ……………	80
第五十七条	发包方民事责任 ……………	81
第五十八条	承包合同有关内容无效 ……………	83
第五十九条	违约责任 ……………	84
第六十条	强迫承包方进行土地承包经营权互换、转让或者土地经营权流转无效……	84
第六十一条	擅自截留、扣缴收益应予退还…………	85
第六十二条	非法征收、征用、占用土地或者贪污、挪用土地征收、征用补偿费用应承担的法律责任 ……………	86
第六十三条	承包方、土地经营权人违法将承包地用于非农建设的行政责任,以及承包方给承包地造成永久性损害所应承担的民事责任 ……………	88
第六十四条	土地经营权人有关违法行为民事责任 ……………	89
第六十五条	国家机关及其工作人员法律责任……	91
第五章 附则 ……………		93
第六十六条	对本法实施前已按国家有关规定形成的农村土地承包关系予以法律确认 ……………	93
第六十七条	机动地预留限制 ……………	94
第六十八条	授权省级人大常委会制定实施办法 ……………	94

　　　　　　　审查等制度和集体经济组织收取
　　　　　　　管理费用 …………………………… 68
　　第四十六条　土地经营权受让方再流转土地经
　　　　　　　营权 ………………………………… 69
　　第四十七条　土地经营权融资担保 ……………… 70
第三章　其他方式的承包 ……………………………… 72
　　第四十八条　家庭承包之外的其他承包方式 …… 72
　　第四十九条　以其他方式承包农村土地应当签
　　　　　　　订土地承包合同、承包方取得土地
　　　　　　　经营权 ……………………………… 73
　　第五十条　"四荒地"等土地承包经营方式 ………… 74
　　第五十一条　以其他方式承包农村土地，本集体
　　　　　　　经济组织内部成员在同等条件下
　　　　　　　有权优先承包 ……………………… 75
　　第五十二条　以其他方式将农村土地承包给本
　　　　　　　集体经济组织以外的单位和个人
　　　　　　　应遵循的发包程序 ………………… 76
　　第五十三条　以其他方式承包取得的土地经营
　　　　　　　权流转 ……………………………… 77
　　第五十四条　以其他方式承包取得的土地经营
　　　　　　　权继承 ……………………………… 78
第四章　争议的解决和法律责任 ……………………… 79
　　第五十五条　争议解决途径 ……………………… 79
　　第五十六条　侵害土地承包经营权、土地经营权

第四节　土地承包经营权的保护和互换、转让…… 46
　第二十七条　承包地收回 …… 46
　第二十八条　承包地调整 …… 47
　第二十九条　应当用于调整承包土地或者承包
　　　　　　　给新增人口的土地 …… 49
　第三十条　承包方自愿交回承包地 …… 50
　第三十一条　保护妇女的土地承包经营权 …… 51
　第三十二条　土地承包经营权继承 …… 52
　第三十三条　土地承包经营权互换 …… 54
　第三十四条　土地承包经营权转让 …… 54
　第三十五条　互换、转让土地承包经营权的登记 …… 56
第五节　土地经营权 …… 57
　第三十六条　土地经营权设立 …… 57
　第三十七条　土地经营权人的权利 …… 59
　第三十八条　土地经营权流转原则 …… 60
　第三十九条　土地经营权流转价款 …… 61
　第四十条　土地经营权流转合同 …… 62
　第四十一条　土地经营权登记 …… 64
　第四十二条　土地经营权流转合同单方解除权 …… 65
　第四十三条　土地经营权受让方可以依法投资
　　　　　　　并获得补偿 …… 67
　第四十四条　承包方流转土地经营权后与发包
　　　　　　　方承包关系不变 …… 67
　第四十五条　社会资本取得土地经营权的资格

第十二条　农村土地承包经营主管部门 …… 31
第二章　家庭承包 …… 32
　第一节　发包方和承包方的权利和义务 …… 32
　　第十三条　确定发包方 …… 32
　　第十四条　发包方权利 …… 34
　　第十五条　发包方义务 …… 34
　　第十六条　承包主体和家庭成员平等享有权益
　　　　　　　…… 35
　　第十七条　承包方权利 …… 37
　　第十八条　承包方义务 …… 37
　第二节　承包的原则和程序 …… 38
　　第十九条　土地承包原则 …… 38
　　第二十条　土地承包程序 …… 40
　第三节　承包期限和承包合同 …… 40
　　第二十一条　土地承包期限 …… 40
　　第二十二条　承包合同形式和合同主要条款 …… 41
　　第二十三条　承包合同生效以及土地承包经营
　　　　　　　　权取得 …… 42
　　第二十四条　土地承包经营权登记 …… 43
　　第二十五条　发包方不得随意变更或者解除承
　　　　　　　　包合同 …… 44
　　第二十六条　国家机关及其工作人员不得干涉
　　　　　　　　农村土地承包或者变更、解除承包
　　　　　　　　合同 …… 45

目 录

《中华人民共和国农村土地承包法》适用提要 …………… 1

中华人民共和国农村土地承包法

第一章　总则 ……………………………………… 15
　第一条　立法目的 ……………………………… 15
　第二条　农村土地范围 ………………………… 17
　第三条　农村土地承包经营制度和农村土地承包方式 …………………………………………… 18
　第四条　土地的所有权性质不变 ……………… 20
　第五条　农村集体经济组织成员享有土地承包权 …… 20
　第六条　保护农村妇女承包土地权利 ………… 21
　第七条　农村土地承包坚持公开、公平、公正原则 …… 22
　第八条　保护农村土地承包中双方当事人的合法权益 ………………………………………… 25
　第九条　三权分置 ……………………………… 26
　第十条　保护土地经营权流转中双方当事人的合法权益 ……………………………………… 28
　第十一条　在农村土地承包经营中应当注意保护土地资源 ………………………………… 30

《中华人民共和国农村土地承包法》适用提要

实行家庭承包经营为基础、统分结合的双层经营体制,是我国改革开放历史新时期的重要标志性举措,是我国农村改革的重大成果,是我国《宪法》①确立的农村基本经营制度。保持农村土地承包关系稳定并长久不变,赋予农民更加充分而有保障的土地权利,关系到我国广大农民生存和发展的权利,关系到我国农业的持续发展、农村经济的繁荣和农村社会的和谐稳定。这样一个重大问题,无疑需要由法律制度来保障。我国土地承包制度的立法有一个发展和完善的过程。

党的十一届三中全会召开之后,立法工作列入全国人大及其常委会的重要议事日程。在民事立法方面,根据改革开放和社会经济发展的实际情况于1986年制定了《民法通则》。这部法律第一次在民事法律中作出了土地承包经营权受法律保护的规定,即公民、集体依法对集体所有的或者国家所有由集体使用的土地、森林、山岭、草原、荒地、滩涂、水面的承包经营权,

---

① 为便于阅读,本书中的法律法规名称均使用简称。

受法律保护。承包双方的权利和义务，依照法律由承包合同规定。这一内容规定在"财产所有权和与财产所有权有关的财产权"一节中，但承包双方的权利和义务，仍由承包合同约定。此后颁布的《土地管理法》《农业法》等其他法律对土地承包经营权所作的规定，也多局限于承包合同的角度。这些法律规定，对完善土地承包经营制度，规范承包关系双方的权利义务发挥了积极作用，但也不可避免地有着历史局限性，仍不能从根本上解决合同约束效力较低所带来的承包经营权容易受到侵害的问题。

1993年，党的十四届三中全会作出了建立社会主义市场经济体制的决定。此后，全国人大及其常委会的立法工作围绕建立和完善社会主义市场经济体制这一主旋律展开。1998年，党的十五届三中全会明确提出，"抓紧制定确保农村土地承包关系长期稳定的法律法规，赋予农民长期而有保障的土地使用权"，为土地承包经营权保护方面的立法提供了指导方针。1999年《宪法修正案》在1993年《宪法修正案》的基础上进一步明确规定："农村集体经济组织实行家庭承包经营为基础、统分结合的双层经营体制。"2002年8月，第九届全国人大常委会第二十九次会议审议通过了《农村土地承包法》。这部法律遵循社会主义市场经济规律，按照党的十五届三中全会"赋予农民长期而有保障的土地使用权"的要求，以《宪法》为依据，从物权的角度对土地承包经营权作了规定。其内容涉及家庭承包、发包方和承包方的权利和义务、承包的原则和程序、承包期限和承包合同、土地承包经营权的保护、土地承包经营权的流转，以及其他方式的承包、争议的解决和法律责任等方面。这一系列规定体现了土地承包经营权物权化的指导思想，但没有明确使用"用益物权"这个概念。

2007年3月16日，《物权法》颁布。《物权法》是规范财产关系的民事基本法律，调整因物的归属和利用而产生的民事关系。这部法律对于维护国家基本经济制度，维护社会主义市场经济秩序，维护广大人民群众根本利益具有十分重要的作用。《物权法》在用益物权编[①]中专章规定了土地承包经营权，将其作为物权中的重要权利；明确了土地承包经营权的用益物权属性，规定用益物权人依法享有"占有、使用和收益的权利"。土地承包经营权成为农户的一份财产权利。

党的十八大以来，以习近平同志为核心的党中央对稳定和完善农村基本经营制度、深化农村集体土地制度改革提出一系列方针政策。适时修改完善《农村土地承包法》，把经过实践检验证明是行之有效的农村土地承包政策和成功经验转化为法律规范，对于巩固和深化农村土地制度改革，具有重要意义。2018年12月，第十三届全国人大常委会第七次会议通过了《关于修改〈中华人民共和国农村土地承包法〉的决定》。

2018年修改《农村土地承包法》的总体思路是：围绕处理好农民和土地的关系这条主线，坚持农村基本经营制度不动摇，保持土地承包关系稳定并长久不变，赋予农民更加充分而有保障的土地权利，依法维护农民承包土地的各项权利，为提

---

① 对应《民法典》物权编之用益物权分编。

高农业农村现代化水平、推动乡村全面振兴、保持农村社会和谐稳定提供法律制度保障。修改决定共46条,重点围绕以下九个方面的内容作了修改。[①]

一、明确了农村集体土地所有权、土地承包权、土地经营权"三权分置"

"三权分置"改革是继家庭承包责任制之后农村改革的重大制度创新,从理论和实践上丰富了农村双层经营体制的内涵。家庭联产承包责任制实现集体土地的"两权"分离,主要解决调动亿万农民的生产积极性问题,"三权分置"主要解决农业适度规模经营、集约化经营及发展现代农业问题。

(一)集体土地所有权

农村集体土地所有权是经历了土地改革、初级社、高级社、人民公社等发展阶段,由自然资源与国家、集体长期投入形成的。《宪法》规定,"农村和城市郊区的土地,除由法律规定属于国家所有的以外,属于集体所有"。《物权法》[②]规定,农村集体土地"属于本集体成员集体所有"。农村集体经济组织或者村委会代表集体经济组织行使所有权,享有对土地占有、使用、收益和处分的权利。我国农村集体土地所有权集体所有制同全民所有制一样,是社会主义经济制度的基础。《农村土地承包法》在修改时,需要与《宪法》及相关法律衔接好。

[①] 根据2019年1月全国人大相关负责人对法律修改所作解读进行整理,完整采访内容参见李飞、周鹏飞:《巩固和完善农村基本经营制度——刘振伟谈农村土地承包法修改》,载《农民日报》2019年1月4日,第1版。

[②] 对应《民法典》第二百六十一条。

农村改革初期,土地承包经营权是按照债权思路设计的,村集体与农户签订承包合同,通过契约明确集体与农户的权利义务。为了防止长期形成的"计划体制""公社体制"的惯性影响,当时的立法倾向是防止集体所有权侵犯土地承包经营权。2007年制定的《物权法》,将土地承包经营权界定为用益物权,集体所有权侵犯承包经营权的问题从法律上得以解决。2018年《农村土地承包法》立足于坚持集体土地所有权制度,清晰界定集体土地所有权与土地承包经营权的权利内容,防止集体土地所有权虚置,做到权利平衡、不相互挤压。

2009年《农村土地承包法》将集体土地所有权的权利内容界定为发包权、监督权、管理权及法律法规规定的其他权利。2018年《农村土地承包法》将集体经济组织在土地发包、土地流转、土地用途管制、土地合理利用、土地经营权融资担保管理等方面的权利进一步细化。

(二)土地承包权

土地承包权是承包地流转后从土地承包经营权中分置出来的,农户拥有土地承包权是农村基本经营制度的基础。实践中,取得承包权有两个条件:具有本集体经济组织成员资格(成员属性);与发包方签订了承包合同,获得了承包地(财产属性)。

土地承包经营权与土地承包权的权利主体都是土地承包方。承包方的权利:一是承包期限内使用承包地,自主组织生产经营和处置产品的权利。二是承包期内出租(转包)、互换、转让、入股承包地获得收益的权利。三是承包地被征收、征用、占用获得补偿的权利。四是承包期内承包人应得的承包收益可以依法继承;林地承包人死亡,其继承人可以在承包期内继续承包等。土地承包经营权互换、转让须在集体经济组织内进行。互换主要是为了方便耕作;转让是放弃土地承包经营权,发包方需要与新承包方重新确定承包关系。

在承包地未流转的情况下,承包方拥有土地承包经营权,既承包又经营。在承包地流转的情况下,承包方拥有土地承包权,只承包不经营,经营权流转给了第三方。流转是土地承包权设立的前提。如果承包方与第三方的土地流转合同到期,承包方仍享有土地承包经营权。土地承包权权能中的收益权和受限定的处分权(可以收回土地经营权但不能买卖承包地)是现实存在的,不是虚置的权利。

(三)土地经营权

承包方采用出租(转包)、入股等方式将承包地流转给第三方使用后,土地经营权转移。保障土地经营权人依法享有的合法权益,规范流转行为,是完善农村土地承包法律制度的重点,也是农村基本经营制度的与时俱进。

土地经营权人的权利主要包括以下几个方面:一是按照合同使用流转的承包地,自主开展生产经营并取得收益;二是因改善生产条件、提高生产能力获得相应补偿;三是经承包方书面同意并向发包方备案,可以用土地经营权设定融资担保;四是经承包方同意并向发包方备案,可以再流转土地经营权等。土地经营权人承担的义务是:支付土地流转对价,不改变流转土地的农业用途,不得连续2年以上弃耕抛荒,不破坏农业综合生产能力和农业生态环境等。

二、明确了农村土地承包关系保持稳定并长久不变

2008年,党的十七届三中全会决定提出:"赋予农民更加充分而有保障的土地承包经营权,现有土地承包关系要保持稳定并长久不变。"2015年,《中共中央、国务院关于加大改革创新力度加快农业现代化建设的若干意见》提出,"抓紧修改农村土地承包方面的法律,明确现有土地承包关系保持稳定并长久不变的具体实现形式"。土地承包关系从"长期稳定"到"长久不变",目的是给土地承包经营权人稳定的经营预期,巩固和完善农村基本经营制度。2018年《农村土地承包法》明确了农村土地承包关系保持稳定并长久不变。

三、明确了第二轮土地承包到期再延长30年

党的十九大报告提出,第二轮土地承包到期后再延长30年。2018年《农村土地承包法》及时将这个重大决策转化为法律规范。这样规定,体现了土地承包关系稳定的主基调,有利于处理坚持土地集体所有与保护农民财产权的关系,有利于处理土地承包制度稳定与完善的关系,有利于处理土地流转、适度规模经营与化解人地突出矛盾的关系。耕地承包再延长30年,综合考量了土地适度规模和集约化经营、发展现代农业、城乡人口结构大变动的宏观背景和保障农民享有平等的土地权利等多种因素,符合农村实际。习近平总书记2017年10月19日在参加党的十九大贵州省代表团审议时指出,"确定30年时间,是同我们实现强国目标的时间点相契合的。到建成社会主义现代化强国时,我们再研究新的土地政策"。草地、林地二轮承包期届满后,按照相关规定继续延长。

四、明确了维护进城落户农民的土地承包经营权

2009年《农村土地承包法》规定,"承包期内,承包方全家迁入小城镇落户的,应当按照承包方的意愿,保留其土地承包经营权或者允许其依法进行土地承包经营权流转。承包期内,承包方全家迁入设区的市,转为非农业户口的,应当将承包的耕地和草地交回发包方。承包方不交回的,发包方可以收回承包的耕地和草地"。

党的十八届五中全会通过的《中共中央关于制定国民经济和社会发展第十三个五年规划的建议》提出,"维护进城落户农民土地承包权、宅基地使用权、集体收益分配权,支持引导其依法自愿有偿转让上述权益"。本次修改与党的十八届五中全会精神作了衔接。

由于历史形成的城乡二元结构,城乡居民在经济权利实现上差别较大,农民形式上落户城市,但要完全融入城市将是长期的历史过程。进城务工落户农民在承包期内的土地承包经营权、宅基地使用权和集体收益分配权,是基于其集体经济组织成员身份享有的财产性权利,在农民落户就业还处于不稳定状态时,不能剥夺其享有的上述权利。

对此,在制度设计上把握了以下三个原则:第一,承包期内,农民进城落户,无论是部分成员迁入还是举家迁入,都不以退出土地承包权为前置条件,稳定是主基调。第二,承包期内,农民全家在城镇落户后,引导支持其依法自愿有偿转让承包地或流转土地经营权。第三,把是否交回承包地的选择权交给进城落户农民和其原所在的集体经济组织,不代替农民和集体经济组织做选择。从地方的试验来看,只要补偿到位,自愿转让土地承包权是可以做到的,少数人交回承包地也是有的,补偿水平成为能否顺利转让或是否交回承包地的关键。

五、明确了土地经营权可以融资担保

党的十八届三中全会决定提出,在坚持和完善最严格的耕地保护制度前提下,赋予农民对承包地占有、使用、收益、流转及承包经营权抵押、担保权能。2015年12月27日,第十二届全国人大常委会第十八次会议决定,授权国务院在北京大兴区等232个试点县(市、区)行政区域,暂时调整实施《物权法》《担保法》关于集体所有的耕地使用权不得抵押的规定,至2018年12月31日试点结束。

以承包地的土地经营权作为融资担保标的物,是以承包人对承包地享有的占有、使用、收益和流转权利为基础的,满足用益物权可设定为融资担保标的物的法定条件。随着土地承包经营权确权登记、农村土地流转交易市场完善,将承包地的土地经营权纳入融资担保标的物范围水到渠成。在以承包地的土地经营权为标的物设定担保的情况下,当债务人不能履行债务时,债权人依法定程序处分担保物,这只是转移了承包地的土地经营权,实质是使用权和收益权,土地承包权没有转移,承包地的集体所有性质也不因此改变。

第三方通过流转取得的土地经营权,经承包方书面同意并向发包方备案,可以向金融机构融资担保。由于各方面对继受取得的土地经营权是物权还是债权有争议,是作为用益物权设定抵押,还是作为收益权进行权利质押,分歧很大。立法不陷入争论,以服务实践为目的,使用了土地经营权融资担保概念;这是抵押、质押的上位概念,将两种情形都包含进去,既保持与相关民法的一致性,又避免了因性质之争影响立法进程。

六、明确了承包经营权的入股权能

党的十八届三中全会决定提出,"允许农民以承包经营权入股发展农业产业化经营"。2014年11月,中共中央办公厅、国务院办公厅印发的《关于引导农村土地经营权有序流转发展农业适度规模经营的意见》提出,"引导农民以承包地入股组建土地股份合作组织","允许农民以承包经营权入股发展农业产业化经营"。

对于农村土地承包经营权入股,2009年《农村土地承包法》是将家庭承包方式和"四荒地"招标、拍卖、公开协商承包方式分开处理的。对于家庭承包方式取得的承包地,2009年《农村土地承包法》将入股限定在承包方自愿联合从事农业合作生产的范围。对"四荒地"的土地承包经营权,2009年《农村土地承包法》规定可以采取入股方式流转。2018年《农村土地承包法》增加了承包方可以采用入股的方式流转土地经营权的规定,但需向发包方备案。

承包地的土地经营权采取入股方式流转,与2009年《农村土地承包法》规定的土地承包经营权入股发展农业合作不同:前者宽泛,包括入股法人企业;后者是入股组建土地股份合作社。前者的治理结构可以是公司制;后者是股份合作制,是特殊的法人治理结构。承包地的土地经营权入股法人企业后,能处置的只是承包地的土地经营权,土地承包权仍归承包方,集体土地所有权也不改变。对此,《农村土地承包法》仅作原则性规定,给实践留出空间,便于以后总结经验并制定配套规定,同时注意与《公司法》等法律对接好。

七、明确工商企业流转土地经营权的准入监管

一些工商企业投资农业,通过流转农民承包地,从事规模化经营,推动了农业结构调整,提高了农业生产力水平;但也出现借农业产业化经营之名行圈占农村土地之实,违法违规进行非农、非粮化建设,影响国家粮食安全和主要农产品供给的问题。对于工商企业进行农业产业化经营,一方面要鼓励,另一方面要严格工商企业流转土地经营权的准入监管,总的要求是不得改变土地集体所有权性质、不得改变土地用途、不得损害农民土地承包权益。

本法规定,县级以上地方人民政府应当建立工商企业等社会资本通过流转取得土地经营权的资格审查、项目审核和风险防范制度;工商企业等社会资本通过流转取得土地经营权的,本集体经济组织可以收取适量管理费用。上述规定,目的是加强农地用途管制和保护农民流转土地经营权的权益,是规范而不是堵,允许工商企业进入农业提升集约化经营水平的方向没有改变。当然,要禁止借机设置门槛搞权力寻租。

八、明确妇女土地承包权益的保护

现实中侵害妇女土地承包权益,表现为通过制定村规民约,对结婚、离婚或丧偶妇女的土地承包权益、集体经济收益的分配权益等进行限制。农村土地承包是按户承包,按人分地;妇女出嫁前,是具有土地承包经营权的家庭成员。妇女如在婚入地未取得承包地,按照2009年《农村土地承包法》的规定,婚出地的发包方不得收回其承包地。如果婚出地家庭兄弟姐妹分家析产,出嫁女依然享有原家庭承包土地的财产权益。2018年《农村土地承包法》进一步明确,农户内家庭成员依法平等享有承包土地的各项权益。土地承包经营权证或者林权证应当将具有土地承包经营权的全部家庭成员列入。

这个问题还涉及《村民委员会组织法》和《妇女权益保障法》。2018年《村民委员会组织法》规定,"村民自治章程、村规民约以及村民会议或者村民代表会议的决定不得与宪法、法律、法规和国家的政策相抵触,不得有侵犯村民的人身权利、民主权利和合法财产权利的内容",2022年修订的《妇女权益保障法》规定,"村民自治章程、村规民约、村民会议、村民代表会议的决定以及其他涉及村民利益事项的决定,不得以妇女未婚、结婚、离婚、丧偶、户无男性等为由,侵害妇女在农村集体经济组织中的各项权益"。对于上述规定,在修改相关法律时增加法律责任,将违反法律规定的村民自治章程和村规民约及村民会议或者村民代表会议决定,明确为侵害妇女土地承包权益的违法行为;建立对村规民约的审查机制,规定乡镇政府依法对村民自治章程和村规民约进行备案审查,对侵害妇女土地承包权益的行为及时责令改正;完善救济途径,赋予妇女向人民法院申请撤销侵害妇女土地承包权益的村民自治章程、村规民约及村民会议或者村民代表会议决定的权利等。

九、授权确认农村集体经济组织成员身份

现实中,只有具有农村集体经济组织成员身份,才拥有土地承包经营权;丧失成员身份,就不再享有土地承包经营权。随着第二轮土地承包陆续到期,农村集体经济组织成员身份确认问题已十分迫切。

鉴于自人民公社制度解体以来,集体经济组织成员身份边界不清问题由来已久,十分复杂,经反复权衡,2018年《农村土地承包法》只作出衔接性规定,将确认农村集体经济组织成员身份的原则、程序等留给其他法律或法规具体规定。

中华人民共和国农村土地承包法

(2002年8月29日第九届全国人民代表大会常务委员会第二十九次会议通过 根据2009年8月27日第十一届全国人民代表大会常务委员会第十次会议《关于修改部分法律的决定》第一次修正 根据2018年12月29日第十三届全国人民代表大会常务委员会第七次会议《关于修改〈中华人民共和国农村土地承包法〉的决定》第二次修正)

第一章 总 则

第一条 【立法目的】[①]为了巩固和完善以家庭承包经营为基础、统分结合的双层经营体制,保持农村土地承包关系稳定并长久不变,维护农村土地承包经营当事人的合法权益,促进农业、农村经济发展和农村社会和谐稳定,根据宪法,制定本法。

---

① 条文主旨为编者所加,仅供参考。全书同。

条文注释

本法的立法目的主要有以下几个方面:

1. 巩固和完善以家庭承包经营为基础、统分结合的双层经营体制。实行以家庭承包经营为基础、统分结合的双层经营体制,是《宪法》确立的我国农村集体经济组织的一项基本制度。长期稳定并不断完善以家庭承包经营为基础、统分结合的双层经营体制,是党在农村的一项基本政策。这符合我国农村和农业生产自身的特点,符合生产关系要适应生产力发展要求的客观规律,具有广泛的适应性和旺盛的生命力,必须长期坚持。

2. 保持农村土地承包关系稳定并长久不变。巩固农村土地双层经营体制,核心是巩固土地承包关系:首先,这涉及是否有一个较长的、合理的承包期限。其次,赋予了农户对承包土地的使用权。农村土地属于集体所有,从土地所有权上分离出来的土地使用权具有物权的性质,是一种法定化的权利。它最大的特点是除依法收回、调整外,任何人不能侵犯。本法规定,承包合同一经生效,承包方即取得土地承包经营权;国家对耕地、林地和草地等实行统一登记,登记机构向承包方颁发土地承包经营权证或者林权证等证书,并登记造册,确认土地承包经营权。最后,通过各种制度规定,赋予了农户稳定的土地使用权,保持农村土地承包关系稳定并长久不变。本法明确规定承包合同生效后,发包方不得因承办人或者负责人的变动而变更或者解除,也不得因集体经济组织的分立或者合并而变更或者解除。还规定,国家机关及其工作人员不得利用职权干涉农村土地承包或者变更、解除承包合同。

3.维护农村土地承包经营当事人的合法权益。本法明确规定了土地承包经营当事人的权利以及侵害土地承包经营当事人权利的法律责任,以维护农村土地承包经营当事人的合法权益。2018年修改本法,根据"三权分置"改革的精神,增加规定了土地经营权人的权利。土地经营权人有权在合同约定的期限内占有农村土地,自主开展农业生产经营并取得收益。

4.促进农业、农村经济发展和农村社会和谐稳定。本法围绕处理好农民和土地的关系这条主线,坚持农村基本经营制度不动摇,保持土地承包关系稳定并长久不变,赋予农民更加充分而有保障的土地权利,依法维护农民承包土地的各项权利,为提高农业农村现代化水平,推动乡村全面振兴,保持农村社会和谐稳定提供法律制度保障。

第二条 【农村土地范围】本法所称农村土地,是指农民集体所有和国家所有依法由农民集体使用的耕地、林地、草地,以及其他依法用于农业的土地。

条文注释

凡是由农民集体所有或者使用,用于农业生产,又适合承包的土地和水面,都属于本法所称的农村土地,都适用本法的规定。根据本条规定,农村土地主要包括以下几种类型:(1)农民集体所有的耕地、林地、草地。这是指所有权归集体的耕地、林地、草地,其多采用人人有份的家庭承包方式,集体经济组织成员都有承包的权利。(2)国家所有依法由农民集体使用的耕地、林地、草地。这与农民集体所有的耕地、林地、草地的区别在于所有权属于国家,但依法由农民集体使用。(3)其他依法用于农业的土地。用于农业的土地,主要有耕地、林地和草地,还有一些其他依法用于农业的土地,如养殖水面、"四荒地"等。养殖水面主要是指用于养殖水产品的水面。养殖水面属于农村土地不可分割的一部分,也是用于农业生产的,所以也包括在本条所称的农村土地的范围之中。此外,还有荒山、荒丘、荒沟、荒滩等"四荒地"。"四荒地"依法是要用于农业的,也属于本条所称的农村土地。

关联规定

《最高人民法院关于国有土地开荒后用于农耕的土地使用权转让合同纠纷案件如何适用法律问题的批复》

第三条 【农村土地承包经营制度和农村土地承包方式】国家实行农村土地承包经营制度。

农村土地承包采取农村集体经济组织内部的家庭承包方式,不宜采取家庭承包方式的荒山、荒沟、荒丘、荒滩等农村土地,可以采取招标、拍卖、公开协商等方式承包。

条文注释

本条规定的农村土地承包经营制度,包括两种承包方式,即家庭承包和招标、拍卖、公开协商等方式的承包。

1.家庭承包。农村土地承包采取农村集体经济组织内部的家庭承包方式。

所谓家庭承包方式,是指农村集体经济组织的每一个农户家庭全体成员为一个生产经营单位,作为承包人承包农民集体的耕地、林地、草地等农业用地;对于承包地,按照本集体经济组织成员人人平等地享有一份的方式进行承包。其主要特点是:(1)集体经济组织的每个人都平均享有承包本集体经济组织的农村土地的权利,除非自己放弃这个权利。(2)以户为生产经营单位承包,即以一个农户家庭的全体成员作为承包方,与本集体经济组织或者村委会订立一个承包合同,享有合同中约定的权利,承担合同中约定的义务。应注意,即使承包户家庭中的成员死亡,只要这个承包户家庭中还有其他家庭成员,则承包关系不变,这个承包户中的其他成员继续承包土地。

2. 招标、拍卖、公开协商等方式的承包。对于不宜采取家庭承包方式的农村土地,可以采取招标、拍卖、公开协商等方式承包。这种承包方式以自愿、公开、公正为原则。

案例指引

张德等与曹秀杰等农村土地承包合同纠纷案[①]
——土地流转收益在农户家庭内部的分配

裁判要旨:农村土地承包经营合同是取得土地承包经营权的方式和条件,以固定农户承包的土地亩数,但合同的签订并不影响在农户内部现有全体家庭成员共同享有该土地流转收益的权利,不以签订合同时确定的家庭成员为限;农户家庭成员死亡的,该家庭成员在承包期内获得的承包收益,按照《继承

---

① (2015)三中民终字第11238号。

法》的规定发生继承,但仅以其死亡时已经获得或虽尚未取得但已经投入资金、付出劳动即将取得之情形为限,不包括其死亡后承包土地新产生的流转收益。

第四条 【土地的所有权性质不变】农村土地承包后,土地的所有权性质不变。承包地不得买卖。

条文注释

农村土地承包后,土地的所有权性质不变。原来属于农民集体所有的仍归农民集体所有,土地等生产资料仍归农民集体所有。农户通过承包取得的是对集体土地的使用权。土地使用权与土地所有权是不同的,它不具有所有权所具备的占有、使用、收益和处分四种权能中的处分权。比如,承包户转让其土地承包经营权,是在不得改变土地所有权性质的前提下进行的。土地承包经营权转让需要注意以下几点:一是需经发包方同意。二是只能转让给本集体经济组织的其他农户。三是原承包方与发包方的土地承包关系终止。受让方与发包方确立新的承包关系,可以向登记机关申请登记。

第五条 【农村集体经济组织成员享有土地承包权】农村集体经济组织成员有权依法承包由本集体经济组织发包的农村土地。

任何组织和个人不得剥夺和非法限制农村集体经济组织成员承包土地的权利。

条文注释

本条规定主要有以下几层含义:(1)农村集体经济组织

成员有权承包的土地是本集体经济组织发包的农民集体所有的土地以及国家所有依法由农民集体使用的耕地、林地、草地以及其他依法用于农业的土地。按照《土地管理法》等法律规定，农村和城市郊区的土地，除由法律规定属于国家所有的以外，属于农民集体所有；宅基地和自留地、自留山，属于农民集体所有。农民集体所有有以下三种主要形式：一是村农民集体所有；二是村内两个以上农村集体经济组织的农民集体所有；三是乡(镇)农民集体所有。农村土地主要包括耕地、林地、草地、荒山、荒沟、荒丘、荒滩等。对本农村集体经济组织发包的土地，农民有权承包。(2)有权承包本集体经济组织发包土地的是本集体经济组织的所有成员。发包方将土地发包给农户经营时，应当按照每户所有成员的人数来确定承包土地的份额，即通常所说的"按户承包，按人分地"，也称"人人有份"。由于每个集体经济组织成员在本集体经济组织中均享有成员权，也由于农村土地是农民的基本生产资料、基本生活保障，因此，每个农村集体经济组织的成员都享有土地承包权。(3)任何组织和个人剥夺和非法限制农村集体经济组织成员的承包权利的，应当依照本法和其他法律的规定，承担法律责任。

第六条 【保护农村妇女承包土地权利】农村土地承包，妇女与男子享有平等的权利。承包中应当保护妇女的合法权益，任何组织和个人不得剥夺、侵害妇女应当享有的土地承包经营权。

条文注释

农村妇女在农村土地承包中的权利,主要体现在以下几个方面:(1)作为农村集体经济组织的成员,妇女同男子一样有权承包本集体经济组织发包的土地。本集体经济组织在发包土地时,应当按照家庭人口数额不论男女来确定承包土地的份额。(2)妇女结婚的,其承包土地的权利受法律保护。(3)妇女离婚或者丧偶,仍在原居住地生活或者不在原居住地生活但在新居住地未取得承包地的,原集体经济组织不得收回该妇女已经取得的原承包地。(4)农户内家庭成员依法平等享有承包土地的各项权益。同时,土地承包经营权证或者林权证等证书应当将具有土地承包经营权的全部家庭成员列入。(5)对非法剥夺、侵害农村妇女依法享有的土地承包经营权的行为,受侵害的妇女可以向发包方,如农村集体经济组织、村民委员会或者村民小组主张自己的权利;也可以向农村土地承包仲裁机构申请仲裁;还可以直接向人民法院起诉,要求侵权方承担停止侵害、恢复原状、排除妨碍、赔偿损失等民事责任,以维护自己承包土地的合法权益。

第七条 【农村土地承包坚持公开、公平、公正原则】 农村土地承包应当坚持公开、公平、公正的原则,正确处理国家、集体、个人三者的利益关系。

条文注释

公开、公平、公正是农村土地承包必须遵循的基本原则:

(一)公开

1. 在家庭承包中,"公开"主要包括以下内容:(1)进行承包活动的信息要公开。(2)承包的程序要公开。在进行农村土地承包中,承包程序的公开主要包括以下几个方面:①由本集体经济组织成员的村民会议选举产生承包工作小组;②由承包工作小组依照法律、法规的规定拟订承包方案并向本集体经济组织全体成员公布;③依法召开村民会议,讨论通过承包方案。(3)承包方案和承包结果公开。承包方案经过村民会议讨论通过后,应当及时公布,同时公开组织实施承包方案,确定每户及每个集体经济组织成员承包的土地的具体名称、坐落、面积、质量等级等。发包方和承包方应当签订书面承包合同,确定各自的权利和义务。承包方自承包合同生效时取得土地承包经营权。登记机构应当向承包方颁发土地承包经营权证或者林权证,并登记造册,确认土地承包经营权。

2. 对不宜采取家庭承包方式的荒山、荒沟、荒丘、荒滩等农村土地采取其他方式承包的,"公开"主要是指:(1)发包方应当通过公告、召开村民会议宣布或者通过报纸、广播、电视等公共媒体公开有关荒山、荒沟、荒丘、荒滩的位置、面积,以及对承包方的基本要求等信息。(2)采取招标、拍卖和协商的方式来确定承包方。招标、拍卖和协商的过程要公开透明。(3)发包方将农村土地发包给本集体经济组织以外的单位或者个人承包,还要事先经本集体经济组织成员的村民会议2/3以上成员或者2/3以上村民代表的同意,并报乡(镇)人民政府批准。

(二)公平

1. 在进行农村土地家庭承包时,"公平"主要是指:本集体经济组织成员依法平等地享有、行使承包本集体经济组织土地的权利。在确定承包方案时,应当民主协商,公平合理地确定发包方、承包方权利义务。尤其是发包方不得滥用权力,在承包合同中不得对承包方的权利进行不合理的限制,不得干涉承包方的生产经营自主权,不得通过承包合同给承包方增加不合理的负担。

2. 对不宜采取家庭承包方式的荒山、荒沟、荒丘、荒滩等农村土地采取其他方式承包的,"公平"主要是指:发包方和承包方法律地位平等,双方应当通过定标、竞价或者协商一致的方式,公平合理地确定承包期、承包费以及其他权利义务,一方不得将其意志强加于另一方。

(三)公正

1. 在进行农村土地家庭承包时,"公正"主要是指在承包过程中,要严格按照法定的条件和程序办事,同等地对待每一个承包方。如在确定承包方案时,首先由本集体经济组织成员选举产生承包工作小组,承包工作小组依照法律、法规拟定并公布承包方案,其次召开村民会议,讨论通过承包方案。对承包方来说,应当以正当的手段参加承包活动,不得通过行贿或者亲属关系来获得有利的承包条件。

2. 对不宜采取家庭承包方式的荒山、荒沟、荒丘、荒滩等农村土地采取其他方式承包的,"公正"主要是指:(1)对发包方来说,就是要严格按照公开的条件和程序办事。例如,采取招标发包的,发包方应当同等地对待每一个投标竞争者。应当以在承包费、技术能力、资金条件等方面最优的投标人为定标标准,确定最终承包人。又如,采取拍卖方式发包的,在没有保留价的情况下,发包方应当将土地发包给最高出价的竞买人。竞买人之间、竞买人与拍卖人之间不得恶意串通损害发包方的利益。(2)对投标方来说,应当以正当的手段参加投标竞争,不得串通投标,不得向发包方及其工作人员行贿、提供回扣或给予其他好处等来获得承包土地或者其他有利的承包条件。

第八条 【保护农村土地承包中双方当事人的合法权益】国家保护集体土地所有者的合法权益,保护承包方的土地承包经营权,任何组织和个人不得侵犯。

条文注释

国家保护集体土地所有者的合法权益主要体现在以下几个方面:(1)对集体所有的土地,依法确认所有权。依法登记的农民集体所有的土地所有权受法律保护,任何组织和个人都不得侵犯。(2)保护农村集体经济组织依法对土地的经营管理权。(3)对侵犯集体土地的行为,给予法律制裁。依法登记的集体土地受到非法侵害时,集体土地的所有人可以要求人民政府有关部门给予保护。如在土地承包中,承包方非法在耕地上建房、采石等,土地行政管理部门根据发包方的报告责令承包方改正、治理,并依法处罚。对非法侵占农民集体所有土地的,发包方可以要求人民政府有关部门确认所有权或者向人民法院提起确权之诉等。(4)农村集体经济组织的承包方违反承包合同约定,给农村集体经济组织的土地所有权等权益造成损害的,发包方有权要求承包方承担赔偿损失等民事责任。

国家保护承包方的土地承包经营权主要体现在以下几

个方面:(1)承包期内,发包方不得收回承包地,也不得调整承包地。承包期内,承包方可以自愿将承包地交回发包方。承包合同中违背承包方意愿或者违反法律、行政法规有关不得收回、调整承包地等强制性规定的约定无效。(2)承包方应得的承包收益,依照《民法典》继承编等规定继承。(3)家庭承包中的承包方承包土地后,享有土地承包经营权,可以自己经营,也可以保留土地承包权,流转其承包地的土地经营权,由他人经营。承包方可以依法互换、转让其取得的土地承包经营权,也可以依法流转土地经营权。承包方之间为发展农业经济,可以自主决定依法采取出租(转包)、入股或者其他方式向他人流转土地经营权。承包方有权依法自主决定土地经营权是否流转和流转的形式。任何组织和个人强迫承包方进行土地经营权流转的,该流转无效。流转的收益归承包方所有,任何组织和个人不得擅自截留、扣缴。任何组织和个人擅自截留、扣缴土地经营权流转收益的,应当退还。(4)任何组织和个人侵害土地承包经营权的,都应当承担法律责任。发包方违反承包合同,给承包方造成损失的,承包方有权要求发包方承担赔偿损失等违约责任。

第九条 【三权分置】承包方承包土地后,享有土地承包经营权,可以自己经营,也可以保留土地承包权,流转其承包地的土地经营权,由他人经营。

条文注释

根据党中央、国务院出台的一系列关于"三权分置"的文件精神,"三权"分别是指集体所有权、农户承包权和土地经营权。"三权分置"就是要落实集体所有权,稳定农户承包权,放活土地经营权,充分发挥"三权"的各自功能和整体效用,形成层次分明、结构合理、平等保护的格局。"三权"中,农村土地集体所有权是土地承包经营权的前提,是农村基本经营制度的根本,必须得到充分体现和保障。农户享有土地承包权是农村基本经营制度的基础,是集体所有的具体实现形式,要稳定现有土地承包关系并保持长久不变。在土地流转中,从承包方的土地承包经营权中派生出土地经营权。赋予流转受让方更有保障的土地经营权,是完善农村基本经营制度的关键。

本条规定的基本含义如下:(1)承包方享有土地承包经营权,这是一种用益物权。(2)承包方可以自己经营。自己经营就是承包户以家庭成员为主要劳动力,在自己所承包的农村土地上直接从事农业生产经营。这是农村土地最直接、最主要的经营方式。(3)承包方保留土地承包权,流转土地经营权。需要特别说明的是,2018年修改之前的《农村土地承包法》规定流转的是土地承包经营权,流转的方式包括转包、出租、互换、转让或者其他方式。2018年《农村土地承包法》对"流转"的法律性质进行了调整,流转的对象仅限于流转土地经营权,而不是土地承包经营权;流转的方式限于出租(转包)、入股或者其他方式,而不再包括互换和转让。土地承包经营权仍可以在本集体经济组织内部互换或者转让。(4)受让方享有土地经营权。也就是说,承包方采取出租(转包)、入股或者其他方式流转土地经营权后,受让方即获得土地经营权。土地经营权人有权在合同约定的期限内占有农村土地,自主开展农业生产经营并取得收益。

第十条　【保护土地经营权流转中双方当事人的合法权益】国家保护承包方依法、自愿、有偿流转土地经营权,保护土地经营权人的合法权益,任何组织和个人不得侵犯。

条文注释

本条从两个方面对土地经营权流转加以保护:(1)国家保护承包方流转土地经营权。关于流转土地经营权的保护,本法其他条文还有配套的具体规定:第十七条第三项规定,承包方的权利包括依法流转土地经营权;第三十六条规定,承包方可以自主决定依法采取出租(转包)、入股或者其他方式向他人流转土地经营权;第六十条、第六十一条、第六十五条等还规定了侵害流转土地经营权的法律后果。(2)国家保护土地经营权人的合法权益。一方面,土地经营权流转的受让方与承包方签订了流转合同。作为合同当事人,土地经营权人的权利受到《民法典》合同编等相关法律的保护。另一方面,受让方通过签订流转合同,合同生效后,即依法取得了土地经营权。此时,作为土地经营权人,受让方有权占有、使用该承包地,自主从事农业生产经营并获得相应收益。这种权利,承包方以及其他任何组织、个人都无权非法干预。比如,本法第五十六条规定,任何组织和个人侵害土地承包经营权、土地经营权的,应当承担民事责任;第五十七条中规定,发包方不得强迫或者阻碍承包方进行土地经营权的流转;第六十条规定,任何组织和个人强迫进行土地经营权流转的,该流转无效;第六十五条规定,国家机关及其工作人员有强迫、阻碍土地经营权流转的行为,给承包经营当事人造成损失的,应当承担损害赔偿等责任。

案例指引

宋大号诉凤阳县小溪河镇人民政府、
凤阳金小岗农林科技产业发展有限公司
农村土地承包合同纠纷案[1]
——适度规模新型农村土地流转
合同解除权的认定

裁判要旨:《合同法》第九十四条规定,有下列情形之一的,当事人可以解除合同:因不可抗力致使不能实现合同目的;在履行期限届满之前,当事人一方明确表示或者以自己的行为表明不履行主要债务;当事人一方迟延履行主要债务,经催告后在合理期限内仍未履行;当事人一方迟延履行债务或者有其他违约行为致使不能实现合同目的。宋大号上诉主张,小溪河镇人民政府不具备农业经营能力,不能作为农村土地流转的受让方,双方土地流转合同应当解除。本院审查认为,小溪河镇人民政府于2012年9月6日与宋大号签订土地承包经营权流转合同前,已于同年5月与金小岗公司签订了相关土地的经营权流转合同。小溪河镇人民政府虽不具备农业经营能力,但其在与宋大号签订流

---
[1] (2015)滁民二终字第00311号。

转合同前,已落实具备农业经营能力的实际土地经营人;通过已查明的事实,宋大号对其土地承包经营权的实际流转相对方身份应为明知,按期领取流转费用且并未表示异议,故小溪河镇人民政府与宋大号签订的《凤阳县农村土地承包经营权流转合同》及其履行情况不符合法律法规对法定解除权的相关规定。对宋大号此节上诉理由,本院不予支持。

宋大号上诉主张,金小岗公司在其承包土地上修路,改变了土地用途,应当赔偿其损失。本院审查认为,本案所涉集体所有土地的性质、用途是否改变应由相关主管部门进行认定。金小岗公司作为涉农性质的企业,其在土地流转期内为生产经营需要而修建道路的行为不能由人民法院直接认定是否改变了土地的用途;根据双方土地流转合同,小溪河镇人民政府在土地不再流转经营时会将该土地复垦成耕地退还给宋大号,故宋大号此节上诉主张,没有事实依据,本院不予支持。

第十一条 【在农村土地承包经营中应当注意保护土地资源】农村土地承包经营应当遵守法律、法规,保护土地资源的合理开发和可持续利用。未经依法批准不得将承包地用于非农建设。

国家鼓励增加对土地的投入,培肥地力,提高农业生产能力。

第十二条 【农村土地承包经营主管部门】国务院农业农村、林业和草原主管部门分别依照国务院规定的职责负责全国农村土地承包经营及承包经营合同管理的指导。

县级以上地方人民政府农业农村、林业和草原等主管部门分别依照各自职责,负责本行政区域内农村土地承包经营及承包经营合同管理。

乡(镇)人民政府负责本行政区域内农村土地承包经营及承包经营合同管理。

条文注释

本条规定具体分为以下三个层次:

1.根据《农业法》的规定,农业指种植业、林业、畜牧业和渔业等产业。《农业法》规定的农业是大农业的概念。按照国务院主管部门的分工,农业农村部是种植业、畜牧业、渔业的行政主管部门,林业和草原的主管部门是国家林业和草原局。因此,本条明确规定国务院农业农村、林业和草原主管部门负责全国农村土地承包经营及承包经营合同管理的指导工作。

2.县级以上地方人民政府农业农村、林业和草原等主管部门的设置与国务院有所不同。如有的地方农业农村主管部门与牧业主管部门是分开设置的,主管农村土地承包经营的部门有农业局、林业局、畜牧局、水产局等。县级以上地方人民政府有关部门的工作包括如下几个方面:(1)起草、制定有关地方法规、规章。地方法规由地方人大通过。全国大部分省、自治区、直辖市颁布了土地承包的地方性法规,将国家法律、行政法规、政策具体落实到地方性法规中,以规范地方的土地承包工作。(2)制定统一的合同文本,对土地承包登记造册,确权发证,办理审批及备案等。(3)指导签订土地承包经营合同、合同的履行以及土地经营权的流转等。(4)进行农村集体经济组织建设。(5)进行农业基本建设、兴修水利、平整土地,制定耕地保养长期规划等。(6)建立农业科技、化肥、机械等服务体系,支援农业,为农户服务。(7)建立农村土地承包及承包合同档案。(8)培训土地承包合同管理人员。(9)调解农村土地承包经营纠纷。

3.乡(镇)人民政府负责本行政区域内农村土地承包经营及承包经营合同管理。一般设土地承包经营合同管理的专门人员,从事具体指导土地承包经营合同的签订、履行以及其他合同管理工作,其工作由乡(镇)人民政府负责。同时,前述中央和县级以上地方人民政府职能部门有关土地承包经营及承包经营合同的管理工作大部分由乡(镇)人民政府具体落实。

第二章　家　庭　承　包

第一节　发包方和承包方的权利和义务

第十三条　【确定发包方】农民集体所有的土地依法属于村农民集体所有的,由村集体经济组织或者村民委员会发

> 包;已经分别属于村内两个以上农村集体经济组织的农民集体所有的,由村内各该农村集体经济组织或者村民小组发包。村集体经济组织或者村民委员会发包的,不得改变村内各集体经济组织农民集体所有的土地的所有权。
>
> 国家所有依法由农民集体使用的农村土地,由使用该土地的农村集体经济组织、村民委员会或者村民小组发包。

条文注释

农民集体所有土地发包方的确定有以下两种情况:(1)农民集体所有的土地,依法属于村农民集体所有的,由村集体经济组织或者村民委员会发包。这里的"村"指行政村,即设立村民委员会的村,而不是指自然村。农民集体所有的土地依法属于村农民集体所有是指属于行政村农民集体所有。(2)已经分别属于村内两个以上农村集体经济组织的农民集体所有的,由村内各该农村集体经济组织或者村民小组发包。这里的村民小组是指行政村内由村民组成的组织,它是村民自治共同体内部的一种组织形式。本条规定"已经分别属于村内两个以上农村集体经济组织的农民集体所有的"土地,是指该土地原先分别属于两个以上的生产队,现在其土地仍然分别属于相当于原生产队的各该农村集体经济组织或者村民小组的农民集体所有。

国家所有依法由农民集体使用的农村土地,由农村集体经济组织、村民委员会或者村民小组发包。具体由谁发包,应当根据该土地的具体使用情况而定:(1)由村农民集体使用的土地,由村集体经济组织发包;未设立村集体经济组织的,由村民委员会发包。(2)由村内两个以上集体经济组织的农民集体使用的土地,由村内各集体经济组织发包;未设立村内各集体经济组织的,由村民小组发包。村内各集体经济组织或者村民小组发包有困难或者不方便的,也可以由村民委员会代为发包。

第十四条 【发包方权利】发包方享有下列权利:

(一)发包本集体所有的或者国家所有依法由本集体使用的农村土地;

(二)监督承包方依照承包合同约定的用途合理利用和保护土地;

(三)制止承包方损害承包地和农业资源的行为;

(四)法律、行政法规规定的其他权利。

第十五条 【发包方义务】发包方承担下列义务:

(一)维护承包方的土地承包经营权,不得非法变更、解除承包合同;

(二)尊重承包方的生产经营自主权,不得干涉承包方依法进行正常的生产经营活动;

(三)依照承包合同约定为承包方提供生产、技术、信息等服务;

(四)执行县、乡(镇)土地利用总体规划,组织本集体经济组织内的农业基础设施建设;

(五)法律、行政法规规定的其他义务。

第十六条 【承包主体和家庭成员平等享有权益】家庭承包的承包方是本集体经济组织的农户。

农户内家庭成员依法平等享有承包土地的各项权益。

条文注释

本条第一款明确规定,家庭承包的承包方是本集体经济组织的农户。农户是农村中以血缘和婚姻关系为基础组成的农村最基层的社会单位。它既是独立的生产单位,又是独立的生活单位。作为生产单位的农户,一般是依靠家庭成员的劳动进行农业生产与经营活动的。对农村土地实行家庭承包的,农户成为农村集体经济组织中一个独立的经营层次,是农村从事生产经营活动的基本单位。

需要说明的是:(1)农村集体经济组织的每一个成员都有承包土地的权利。家庭承包中,是按人人有份分配承包地,按户组成一个生产经营单位作为承包方。(2)强调承包方是本集体经济组织的农户主要是针对农村集体的耕地、草地和林地等适宜家庭承包的土地的承包。根据本法第三章的规定,不宜采取家庭承包方式的荒山、荒沟、荒丘、荒滩等农村土地可以通过招标、拍卖、公开协商等方式承包给农户,也可以承包给单位或个人,这里的单位或个人可以来自本集体经济组织外。

在实践中,侵犯家庭成员承包土地权益的情形,主要表现为侵犯出嫁妇女、入赘女婿的承包土地权益,一般有以下三种情形:一是因出嫁或者入赘丧失承包权。农村妇女嫁到外村,或者男子入赘到本村,其户口没有迁移,但原来的承包地被村里收回,这种情形占绝大多数;还有的出嫁妇女、入赘男子同非农户口的人结婚,其本人和子女的户口都不是非农户口,但原来所在的村则认为他们已经"农转非",而取消其土地承包经营权。二是出嫁后或者入赘后无承包权。妇女出嫁、男子入赘后,所在村根据自己的"土政策",对落户本村的外来妻、外来婿及其子女均不分责任田,却要其承担有关费用等义务。三是出嫁妇女、入赘女婿离婚后被剥夺土地承包经营权。离婚后,其所在的村一般不允许他们独立成户,将他们排斥在"集体成员"之外,收回其土地承包经营权。有的即使没有被剥夺土地承包经营权,前夫前妻或者公婆岳丈岳母也不让其待在原来的家里种地,这造成其生活没有着落。考虑到现实中,受传统观念影响,农村妇女因为婚嫁,尤其是离婚、丧偶,其土地权益往往受到农户家庭和村集体的双重侵害,如果法律对此没有原则性规定,这种侵害就很容易发生。在法律中强调农户内家庭成员依法平等享有承包土地的各项权益,有利于保护离婚、丧偶妇女等家庭中弱势一方。基于此,2018年《农村土地承包法》专门增加了本条第二款的规定,明确农户内家庭成员依法平等享有承包土地的各项权益。

案例指引

李某某、郑某甲等确认合同效力纠纷案[①]

根据《农村土地承包法》第十六条第一款规定,家庭承包的承包方是本集体经济组织的农户,即家庭承包是以农户为

---

① (2024)新40民申400号。

生产经营单位进行的承包,土地家庭承包经营权不属于某一家庭成员,承包户家庭中部分成员死亡的,承包关系不变,其他成员以该户的名义继续承包经营,因此,不发生继承问题。非承包户成员不能基于继承权主张对土地承包经营的权利,否则会与农村集体土地制度保障"人人有份"的基本原则相冲突。同时根据该条第二款规定,农户内家庭成员依法平等享有承包土地的各项权益,故,农户家庭成员对土地承包经营权形成共同共有关系,部分成员死亡的,其内部权利义务关系适用共同共有的规则进行调整,彼此不发生继承关系。

第十七条 【承包方权利】承包方享有下列权利:

(一)依法享有承包地使用、收益的权利,有权自主组织生产经营和处置产品;

(二)依法互换、转让土地承包经营权;

(三)依法流转土地经营权;

(四)承包地被依法征收、征用、占用的,有权依法获得相应的补偿;

(五)法律、行政法规规定的其他权利。

第十八条 【承包方义务】承包方承担下列义务:

(一)维持土地的农业用途,未经依法批准不得用于非农建设;

(二)依法保护和合理利用土地,不得给土地造成永久性损害;

(三)法律、行政法规规定的其他义务。

第二节 承包的原则和程序

第十九条 【土地承包原则】土地承包应当遵循以下原则:

(一)按照规定统一组织承包时,本集体经济组织成员依法平等地行使承包土地的权利,也可以自愿放弃承包土地的权利;

(二)民主协商,公平合理;

(三)承包方案应当按照本法第十三条的规定,依法经本集体经济组织成员的村民会议三分之二以上成员或者三分之二以上村民代表的同意;

(四)承包程序合法。

条文注释

根据本条的规定,土地承包应当遵循以下四个原则:

1. 按照规定统一组织承包时,本集体经济组织成员依法平等地行使承包土地的权利,也可以自愿放弃承包土地的权利。这里的"平等"主要体现在两个方面:(1)本集体经济组织的成员都平等地享有承包本集体经济组织土地的权利,无论男女老少、体弱病残。出于对妇女权益的特殊保护,本法第六条还特别规定,农村土地承包,妇女与男子享有平等的权利。承包中应当保护妇女的合法权益,任何组织和个人不得剥夺、侵害妇女应当享有的土地承包经营权。(2)本集体经济组织成员在承包过程中都平等地行使承包本集体经济组织土地的权利,发包方应当平等地对待每一个本集体经济组织成员承包土地的权利。这主要体现在承包过程中,发包方不能厚此薄彼,不能对本集体经济组织成员实行差别对待。这里的"自愿",是指任何组织和个人不得强迫农村集体经济组织的成员放弃承包土地的权利。

2.民主协商,公平合理。(1)"民主协商"要求在集思广益的基础上完成承包,发包方在发包过程中应当与作为承包方的本集体经济组织成员民主协商,应当充分听取和征求本集体经济组织成员的意见,不得搞"暗箱操作",不得搞"一言堂"强迫本集体经济组织成员接受承包方案。(2)"公平合理"要求本集体经济组织成员之间所承包的土地在土质的好坏、离居住地的远近、离水源的远近等方面不能有太大的差别,即使有差别,也应当在"合理"的范围内。

3.承包方案应当按照本法第十三条的规定,依法经本集体经济组织成员的村民会议2/3以上成员或者2/3以上村民代表的同意。"村民会议"是村民集体讨论决定涉及全村村民利益问题的一种组织形式,是村民行使自治权的根本途径。根据《村民委员会组织法》的规定,村民会议由本村18周岁以上的村民组成。农村土地承包方案是涉及村民利益的重大事项,原则上应由本集体经济组织18周岁以上的村民参加的村民会议讨论通过;但在外出人员较多或者村民居住分散,全体村民不易召集的情况下,也可以采取选派代表参加会议的形式。为了在土地承包过程中体现村民自治的基本原则,体现大多数本集体经济组织成员的意志,承包方案必须经本集体经济组织村民会议的2/3以上成员或2/3以上村民代表同意,否则该承包方案不能生效。

4.承包程序合法。以违反法律规定的承包程序进行的承包是无效的。

第二十条 【土地承包程序】土地承包应当按照以下程序进行:

(一)本集体经济组织成员的村民会议选举产生承包工作小组;

(二)承包工作小组依照法律、法规的规定拟订并公布承包方案;

(三)依法召开本集体经济组织成员的村民会议,讨论通过承包方案;

(四)公开组织实施承包方案;

(五)签订承包合同。

第三节 承包期限和承包合同

第二十一条 【土地承包期限】耕地的承包期为三十年。草地的承包期为三十年至五十年。林地的承包期为三十年至七十年。

前款规定的耕地承包期届满后再延长三十年,草地、林地承包期届满后依照前款规定相应延长。

第二十二条 【承包合同形式和合同主要条款】发包方应当与承包方签订书面承包合同。

承包合同一般包括以下条款：

(一)发包方、承包方的名称,发包方负责人和承包方代表的姓名、住所；

(二)承包土地的名称、坐落、面积、质量等级；

(三)承包期限和起止日期；

(四)承包土地的用途；

(五)发包方和承包方的权利和义务；

(六)违约责任。

条文注释

土地承包合同是发包方与承包方之间达成的,关于农村土地承包权利义务关系的协议。根据本法的规定,土地承包合同具有以下特征:(1)合同主体法定。发包方是与农民集体所有土地范围相一致的农村集体经济组织、村民委员会或者村民小组。即土地依法属于村民集体所有的,由村集体经济组织或者村民委员会发包；已经分别属于村内两个以上农村集体经济组织的农民集体所有的,由村内各该农村集体经济组织或者村民小组发包。国家所有依法由农民集体使用的农村土地,由使用该土地的农村集体经济组织、村民委员会或者村民小组发包。承包方是本集体经济组织的农户。(2)合同内容受到法律规定的约束,有些内容不允许当事人自由约定。例如,对于耕地的承包期,本法明确规定为30

年,并且第二轮耕地承包期届满后再延长30年。又如,对于承包地的收回等,法律都有明确规定。这些内容都不允许当事人自由约定。(3)土地承包合同是双务合同。发包方应当尊重承包方的生产经营自主权,为承包方提供生产、技术、信息等服务,有权对承包方进行监督等;承包方对承包地享有占有、使用、收益和流转经营权的权利,应当维持土地的农业用途,保护和合理利用土地等。(4)土地承包合同属于要式合同。双方当事人签订承包合同应当采用书面形式。

第二十三条 【承包合同生效以及土地承包经营权取得】承包合同自成立之日起生效。承包方自承包合同生效时取得土地承包经营权。

条文注释

依照本条的规定,承包合同自成立之日起生效,承包合同的生效无须经过特别的批准、登记程序。此外,本条主要是从承包合同生效时间的角度予以规定,但承包合同要实际产生法律约束力,还不能存在法律规定的合同无效等事由。对此,《民法典》总则编作出了明确规定。《民法典》第一百五十五条规定,无效的或者被撤销的民事法律行为自始没有法律约束力。对于合同在哪些情形下可以被认定为无效或者可以被撤销,《民法典》作出了详细规定,这些规定也适用于土地承包合同。

本条还规定,承包方自承包合同生效时取得土地承包经营权。由此可见,土地承包经营权的设立,没有采用登记生效主义,不以登记为生效的要件;本法第二十四条规定的登记造册是对承包经营权予以确认的程序。

> **第二十四条 【土地承包经营权登记】**国家对耕地、林地和草地等实行统一登记,登记机构应当向承包方颁发土地承包经营权证或者林权证等证书,并登记造册,确认土地承包经营权。
>
> 土地承包经营权证或者林权证等证书应当将具有土地承包经营权的全部家庭成员列入。
>
> 登记机构除按规定收取证书工本费外,不得收取其他费用。

`条文注释`

国家实行土地承包经营权统一登记制度,由统一的登记机构对耕地、林地、草地等进行登记。土地承包经营权统一登记制度是2018年《农村土地承包法》增加的规定。土地承包经营权证、林权证等证书,是承包方享有土地承包经营权的法律凭证。承包方签订承包合同,取得土地承包经营权后,登记机构应当颁发土地承包经营权证或者林权证等证书,并登记造册,将土地的使用权属、用途、面积等情况登记在专门的簿册上,以确认土地承包经营权。颁发土地承包经营权证、林权证等证书,并登记造册,是登记机构的职责,不得推卸。

土地承包经营权证或者林权证等证书应当将具有土地承包经营权的全部家庭成员列入。根据本法第二十二条的规定,土地承包合同的其中一项条款就是发包方、承包方的名称,发包方负责人和承包方代表的姓名、住所。土地承包合同由承包方代表签署。实践中土地承包合同一般都是由农户的男性长辈签署,土地承包合同也仅体现该承包方代表的姓名、住所等情况,不列明农户内其他家庭成员情况。依照本法第十六条第一款规定,家庭承包的承包方是本集体经济组织的农户。虽然土地承包合同由农户代表实际签订,但土地承包经营权的权利主体是农户,而不是该农户代表。本法第十六条第二款进一步规定,农户内家庭成员依法平等享有承包土地的各项权益。本法第六条还规定,农村土地承包,妇女与男子享有平等的权利;承包中应当保护妇女的合法权益,任何组织和个人不得剥夺、侵害妇女应当享有的土地承包经营权。为了平等保护农户内每位家庭成员,尤其是农户内妇女的土地承包权益,2018年《农村土地承包法》在本条增加第二款规定。登记机构在制作、颁发土地承包经营权证或者林权证等证书,并登记造册时,应当将农户内具有土地承包经营权的全部家庭成员查清并列入,对农户内每位家庭成员的土地承包经营权予以确认。

第二十五条 【发包方不得随意变更或者解除承包合同】承包合同生效后,发包方不得因承办人或者负责人的变动而变更或者解除,也不得因集体经济组织的分立或者合并而变更或者解除。

条文注释

发包方不得因承办人或者负责人的变动而变更或者解除承包合同。首先,承办人或者负责人只是发包方的法定代表人或者代理人,并不等同于发包方。发包方对其负责人或者承办人的民事活动应当承担民事责任,对他们签订的承包合同应当负责履行。其次,承办人或者负责人的变动并不构成对合同的实质性变更,如果因此而变更或者解除合同,则损害了承包方的合法权益。因此,发包方的承办人或者负责人的变动,对已经生效的承包合同不构成影响;发包方不得因此而变更或者解除承包合同,否则就应当依照本法和《民法典》合同编的有关规定承担违约责任。

发包方不得因集体经济组织的分立或者合并而变更或者解除承包合同。在土地承包中,无论集体经济组织的分立或者合并是由于何种原因,合同的相关权利义务都应当按照法律的规定和合同的约定享有和承担。

第二十六条 【国家机关及其工作人员不得干涉农村土地承包或者变更、解除承包合同】国家机关及其工作人员不得利用职权干涉农村土地承包或者变更、解除承包合同。

条文注释

本条规定的违法行为的主体是国家机关及其工作人员。国家机关工作人员是指在国家机关中从事公务的人员,即在国家机关中行使一定职权、履行一定职务的人员。在农村土地承包中,可能利用职权对土地承包进行干涉的,主要是县、乡政府有关部门及其工作人员;他们处在基层,直接负责土地承包及承包合同管理或者相关工作,应当严格贯彻《农村土地承包法》,不得利用职权干涉土地承包。依照本法第六十五条的规定,国家机关及其工作人员有利用职权干涉农村土地承包经营,变更、解除承包经营合同,给承包经营当事人造成损失的,应当承担损害赔偿等责任;情节严重的,由上级机关或者所在单位给予直接责任人员处分;构成犯罪的,依法追究刑事责任。

第四节 土地承包经营权的保护和互换、转让

第二十七条 【承包地收回】承包期内,发包方不得收回承包地。

国家保护进城农户的土地承包经营权。不得以退出土地承包经营权作为农户进城落户的条件。

承包期内,承包农户进城落户的,引导支持其按照自愿有偿原则依法在本集体经济组织内转让土地承包经营权或者将承包地交回发包方,也可以鼓励其流转土地经营权。

承包期内,承包方交回承包地或者发包方依法收回承包地时,承包方对其在承包地上投入而提高土地生产能力的,有权获得相应的补偿。

条文注释

根据本条第一款规定,除法律对承包地的收回有特别规定外,在承包期内,无论承包方发生什么样的变化,只要作为承包方的家庭还存在,发包方都不得收回承包地。如承包方家庭中的一人或者数人死亡,或子女升学、参军或者在城市

就业，或妇女结婚，在新居住地未取得承包地，或承包方在农村从事各种非农产业等，只要作为承包方的农户家庭没有消亡，发包方都不得收回其承包地。但因家庭成员全部死亡而导致承包方消亡的，发包方应当收回承包地，另行发包。

根据本条第二款、第三款的规定，承包农户即使全家都进城落户，不管是否纳入城镇住房和社会保障体系，也不管是否丧失农村集体经济组织成员身份，其进城落户前所取得的农村土地承包经营权仍然受国家保护。农户既可以根据自己的意愿，按照农业生产季节回来耕作；也可以根据本法第三十四条的规定按照自愿有偿原则依法在本集体经济组织内转让土地承包经营权；还可以根据本法第二章第五节的规定向他人流转土地经营权。当然，如果农户自愿将承包地交回发包方，也是允许的。

第二十八条　【承包地调整】承包期内，发包方不得调整承包地。

承包期内，因自然灾害严重毁损承包地等特殊情形对个别农户之间承包的耕地和草地需要适当调整的，必须经本集体经济组织成员的村民会议三分之二以上成员或者三分之二以上村民代表的同意，并报乡（镇）人民政府和县级人民政府农业农村、林业和草原等主管部门批准。承包合同中约定不得调整的，按照其约定。

条文注释

根据本条第二款规定,可以调整承包地的情形是"因自然灾害严重毁损承包地等特殊情形"。即只有在特殊情形下,才可以适当调整承包地;在一般情形下,不应当采取调整承包地的方法,而主要应当通过土地经营权流转或发展第二、三产业等途径,用市场的办法解决。因承包方家庭人口增加、缺地少地导致生活困难的,要帮助其提高就业技能,提供就业服务,做好社会保障工作。需要注意的是,在发生了因自然灾害严重毁损承包地等特殊情形需要调整承包地时,并不是必然对个别农户之间承包的耕地和草地进行调整。如果集体经济组织有依法预留的机动地,有通过依法开垦等方式增加的土地,或者有发包方依法收回和承包方依法、自愿交回的土地,发包方应当先用这些土地解决无地农民的承包地问题。只有在没有上述土地的情况下,才可以对个别农户之间承包的耕地和草地进行适当调整。但应注意的是,根据本款规定,允许进行调整的土地仅限于耕地和草地;对于林地,即使在上述特殊情形下,也不允许调整。

关于本条第二款中的"本集体经济组织成员的村民会议",考虑到土地所有者和发包主体的不同,并根据本法第十三条的规定,如果土地是由村集体经济组织或者村民委员会发包的,这里的"村民会议"应当指村集体范围内的村民会议,即由村集体经济组织成员组成的村民会议;如果土地是由村内各集体经济组织或者村民小组发包的,这里的"村民会议"应当指村民小组范围内的村民会议,即由村民小组成员组成的村民会议。本款规定的村民会议2/3以上成员,应当指组成村民会议的全体成员的2/3以上成员;2/3以上村民代表,应当指由村民代表组成的村民会议的全体代表的2/3以上代表。

第二十九条 【应当用于调整承包土地或者承包给新增人口的土地】下列土地应当用于调整承包土地或者承包给新增人口:

(一)集体经济组织依法预留的机动地;

(二)通过依法开垦等方式增加的;

(三)发包方依法收回和承包方依法、自愿交回的。

条文注释

本条第一项中的"机动地",是发包方在发包土地时,预先留出的不作为承包地的少量土地,用于解决承包期内的人地矛盾问题。例如,在承包期内,本村有嫁入妇女的,或者部分农户因自然灾害丧失承包地的,发包方就可以将机动地承包给这些人。本法第六十七条对预留机动地的问题也作了规定:"本法实施前已经预留机动地的,机动地面积不得超过本集体经济组织耕地总面积的百分之五。不足百分之五的,不得再增加机动地。本法实施前未留机动地的,本法实施后不得再留机动地。"根据以上规定,已经预留机动地的,应当按照规定预留,并严格用于调整承包土地或者承包给新增人口。

本条第二项中的"通过依法开垦等方式增加的"土地,主要指通过开垦未利用地,如开垦荒地而增加的土地。

关于本条第三项中的"发包方依法收回和承包方依法、自愿交回的"土地,本法第二十七条、第三十条等条文对此作了明确规定。这些土地,也应当用于调整承包土地或者承包给新增人口。

> **第三十条　【承包方自愿交回承包地】**承包期内,承包方可以自愿将承包地交回发包方。承包方自愿交回承包地的,可以获得合理补偿,但是应当提前半年以书面形式通知发包方。承包方在承包期内交回承包地的,在承包期内不得再要求承包土地。

条文注释

根据本条规定的精神,是否交回承包地,何时交回承包地,是承包方的权利,以承包方自愿为原则。2018年《农村土地承包法》增加了承包方"可以获得合理补偿"的规定。这里规定的是"可以",而不是第二十七条第四款规定的"有权"。发包方可以根据自己的实际情况,包括经济情况等,给予承包方经济补偿,以鼓励承包方更加积极自愿地交回承包地。承包方应当提前半年以书面形式通知发包方,即承包方有通知义务,以让发包方对交回的土地作出使用上的安排,避免因承包方自愿交回而造成土地闲置。交回承包地后,因特殊情况失去了非农职业或者其他收入来源需要耕种土地的,在承包期内可以通过土地流转等方式解决,而不能再要求承包土地。

第三十一条　【保护妇女的土地承包经营权】承包期内,妇女结婚,在新居住地未取得承包地的,发包方不得收回其原承包地;妇女离婚或者丧偶,仍在原居住地生活或者不在原居住地生活但在新居住地未取得承包地的,发包方不得收回其原承包地。

条文注释

2022年修订的《妇女权益保障法》规定,妇女在农村土地承包经营、集体经济组织收益分配、土地征收补偿安置或者征用补偿以及宅基地使用等方面,享有与男子平等的权利。村民自治章程、村规民约、村民会议、村民代表会议的决定以及其他涉及村民利益事项的决定,不得以妇女未婚、结婚、离婚、丧偶等为由,侵害妇女在农村集体经济组织中的各项权益。《民法典》第一千零八十七条中也规定,在离婚时,对夫或妻在家庭土地承包经营中享有的权益等,应当依法予以保护。

本法作为规范农村土地承包的基本法律,其第六条明确规定:"农村土地承包,妇女与男子享有平等的权利。承包中应当保护妇女的合法权益,任何组织和个人不得剥夺、侵害妇女应当享有的土地承包经营权。"2018年《农村土地承包法》为了更好地保护农村妇女的土地承包权益,根据中央文件精神,又在第十六条第二款进一步规定:"农户内家庭成员依法平等享有承包土地的各项权益。"并借鉴一些地方开展土地承包经营权确权登记的做法,在第二十四条第二款规定:"土地承包经营权证或者林权证等证书应当将具有土地承包经营权的全部家庭成员列入。"进一步明确了妇女应该

享有的土地承包权益。同时,在本条对妇女结婚、离婚或者丧偶后土地承包经营权的保护问题,作了具体规定:

1.承包期内,妇女结婚的,妇女嫁入方所在村应当尽量解决其土地承包问题。具体而言:(1)如果集体经济组织有依法预留的机动地、通过依法开垦等方式增加的土地或者有发包方依法收回和承包方依法、自愿交回的土地,可以分给嫁入妇女一份承包地。(2)没有上述土地,在因人地矛盾突出等特殊情形依法对个别农户之间承包的土地进行小调整时,应当分给嫁入妇女一份承包地。(3)如果当地既没有富余的土地,也不进行小调整,而是实行"增人不增地,减人不减地"的办法,则出嫁妇女原籍所在地的发包方不得收回其原承包地。

2.妇女离婚或者丧偶,仍在原居住地生活的,其已取得的承包地应当由离婚或者丧偶妇女继续承包,发包方不得收回。妇女离婚或者丧偶,不在原居住地生活的,新居住地的集体经济组织应当尽量为其解决承包土地问题,例如:可以在依法进行小调整时分给离婚或者丧偶妇女一份承包地;离婚或者丧偶妇女在新居住地未取得承包地的,原居住地的发包方不得收回其原承包地。

第三十二条 【土地承包经营权继承】承包人应得的承包收益,依照继承法的规定继承。

林地承包的承包人死亡,其继承人可以在承包期内继续承包。

条文注释

理解本条,应分层次注意以下问题:

1. 本法第二章规定的集体经济组织内部人人有份的家庭承包是以户为生产经营单位进行承包的,对此本法第十六条第一款明确规定:"家庭承包的承包方是本集体经济组织的农户。"一方面,家庭中部分成员死亡的,由于作为承包方的户还存在,因此不发生继承的问题,由家庭中的其他成员继续承包。另一方面,因家庭成员全部死亡而导致承包方消亡的,其承包地不允许继承,应当由集体经济组织收回,并严格用于解决人地矛盾。

2. 承包地虽然不允许继承,但承包人应得的承包收益,如已收获的粮食、未收割的农作物等,作为承包人的个人财产,则应当依照《民法典》的规定继承。而且应注意,这里所讲的继承的问题,主要针对耕地和草地。

3. 至于林地能否继承的问题,林地承包人死亡的,其继承人可以在承包期内继续承包。林地的继承也应当按照《民法典》的规定继承。无论继承人是另有林地承包经营权,或是在另一农村集体经济组织落户,还是取得城市户口、在城市就业,在承包期内,都有权继承。还应当注意的是,同耕地和草地一样,集体经济组织内部人人有份的林地承包也是以户为生产经营单位的,家庭中部分成员死亡的,也不发生继承的问题,应由家庭中的其他成员继续承包。当然,此时被继承人应得的承包收益,应当依照《民法典》的规定继承。

第三十三条 【土地承包经营权互换】承包方之间为方便耕种或者各自需要,可以对属于同一集体经济组织的土地的土地承包经营权进行互换,并向发包方备案。

条文注释

土地承包经营权互换,是土地承包经营权人将自己的土地承包经营权交换给他人行使,自己行使从他人处换来的土地承包经营权。需要注意的是:(1)土地承包经营权互换只是土地承包经营权人改变,不是土地用途及承包义务的改变,互换后的土地承包经营权人仍然要按照发包时确定的该土地的用途使用土地,履行该地块原来负担的义务,比如,发包时确定某地块用于种植粮食作物,土地承包经营权互换后不能用于开挖鱼塘。(2)家庭承包的土地,不仅涉及不同集体经济组织的土地权属,也关系到农户的生存问题。因此,承包方只能与属于同一集体经济组织的农户互换土地承包经营权,不能与其他集体经济组织的农户互换土地承包经营权。(3)由于土地承包经营权互换通常都是对等的,也未剥夺互换双方的土地承包经营权,因此,只要不违反法律,不侵害他人的合法权益,发包方就不应干涉。

第三十四条 【土地承包经营权转让】经发包方同意,承包方可以将全部或者部分的土地承包经营权转让给本集体经济组织的其他农户,由该农户同发包方确立新的承包关系,原承包方与发包方在该土地上的承包关系即行终止。

条文注释

2018年《农村土地承包法》对2009年《农村土地承包法》第四十一条有关土地承包经营权转让的规定作了修改。一方面,删除了对转让方的条件限制,即"承包方有稳定的非农职业或者有稳定的收入来源"。转让方根据自己的情况自主决定是否转让土地承包经营权,只要依法、自愿,并经发包方同意,法律不再限制。另一方面,修改了受让方的条件,即从"从事农业生产经营的农户"限缩为"本集体经济组织的其他农户",不再允许将土地承包经营权转让给本集体经济组织以外的人。如果承包方不想继续经营土地,也不转让给本集体经济组织的其他农户,可以根据本法相关规定向他人流转土地经营权,自己保留土地承包权。

土地承包经营权转让,是指土地承包经营权人将其拥有的未到期的土地承包经营权以一定的方式和条件移转给他人的行为。土地承包经营权的受让对象只能是本集体经济组织的成员。土地承包经营权转让不同于土地承包经营权互换。互换土地承包经营权,承包方与发包方的关系虽有变化,但互换土地承包经营权的双方只不过是对土地承包经营权进行了置换,取得了对方的土地承包经营权。转让土地承包经营权,承包方与发包方的土地承包关系即行终止,转让方也不再享有土地承包经营权。还应当注意的是,承包人转让的土地承包经营权,可以是全部,也可以是部分。对于已经转让的,不论是全部转让还是部分转让,受让方都应与发包人确立新的承包关系;对于未转让的部分,原承包人与发包人应重新确立承包关系,变更原有的承包合同。

第三十五条 【互换、转让土地承包经营权的登记】土地承包经营权互换、转让的,当事人可以向登记机构申请登记。未经登记,不得对抗善意第三人。

条文注释

根据本条规定,对土地承包经营权采取互换、转让方式流转,当事人可以向登记机构申请登记。申请进行土地使用权变更登记,应当提交土地变更登记申请书及相关资料,内容包括:转让人与受让人的姓名、住所,土地坐落、面积、用途,土地承包合同,土地承包经营权转让或者互换合同,土地承包经营权证,以及登记部门要求提供的其他文件。登记部门收到变更登记的申请及上述文件后,经调查、审核,认为符合变更登记规定的,变更注册登记,更换或者更改土地承包经营权证。

案例指引

吉林省高级人民法院发布七起涉农典型案例之三:
郎某某与高某某土地承包经营权互换合同纠纷案

基本案情: 原告郎某某因经营养殖场,需要整合土地盖鸡舍和临时性住房。郎某某找到被告高某某,口头约定用其4亩旱田换取高某某自留地2亩。郎某某在互换后的土地上铺垫了风化石和黄土,并盖了鸡舍和临时性住房。后郎某某因经营不善,先后拆除鸡舍和临时性住房,但未将土地恢复原样，土地上存有大量的黄土、砂石和房屋拆除的建筑垃圾。现郎某某找高某某要求解除土地互换合同，高某某不同意，遂诉至法院。柳河县人民法院判决驳回郎某某诉讼请求，郎某某不服提出上诉，通化中院判决驳回上诉，维持原判。

典型意义：承包土地互换耕种的现象在农村普遍存在，土地互换属于承包经营权的相互转让。《农村土地承包法》和《民法典》均规定，采用家庭联产承包方式的承包方之间为了方便耕种或者各自管理需要，可以对属于同一集体经济组织的土地承包经营权进行互换，互换后的双方均取得对方的土地承包经营权，丧失自己的原有土地承包经营权。本案的审理判决，维护了土地承包经营秩序，保障了土地承包经营者的合法权益，也通过及时判决平息纠纷保障了春耕的顺利进行。

第五节　土地经营权

第三十六条　【土地经营权设立】承包方可以自主决定依法采取出租（转包）、入股或者其他方式向他人流转土地经营权，并向发包方备案。

条文注释

本条是对土地经营权设立的一般性规定，主要内容是：

1. 土地经营权设立的主体与客体。（1）土地经营权流转有双方当事人，一方是作为出让方的土地承包经营权人，另一方是作为受让方的土地经营权人,就是通过流转获得土地经营权的个人或者组织。设立土地经营权的主体就是承包方和受让方,双方经过协商一致以合同方式设立土地经营权。根据本法规定,受让方必须具有农业经营能力或者资质,特别是工商企业作为土地经营权的受让方,还需要通过相应的资格审查。符合前述条件的受让方范围很广,既可以是本集体经济组织的成员,也可以是非本集体经济组织的成员;既可以是个人,也可以是合作社、公司等组织;既可以是法人,也可以是非法人组织。(2)土地经营权的客体就是农村土地,包括耕地、林地、草地,以及其他依法用于农业的土地,如养殖水面、荒山、荒丘、荒沟、荒滩等。农村的建设用地如宅基地,则不能成为土地经营权的客体。

2.土地经营权设立的方式。(1)出租(转包)。出租就是承包方以与非本集体经济组织成员的受让方签订租赁合同的方式设立土地经营权,由受让方在合同期限内占有、使用承包地,并按照约定向承包方支付租金。转包就是承包方向本集体经济组织成员签订转包合同设立土地经营权,受让方向承包方支付转包费。(2)入股。入股就是承包方将土地经营权作为出资方式,投入到农民专业合作社、农业公司等,并按照出资协议约定取得分红。承包方以土地经营权入股后,即成为农民专业合作社的成员或者公司的股东,享有法律规定的合作社成员或公司股东的权利,可以参与合作社、公司的经营管理,与其他成员、股东共担风险、共享收益。(3)其他方式,即出租(转包)、入股之外的方式。例如,根据本法第四十七条的规定,承包方可以用承包地的土地经营权向金融机构融资担保。这也是一种设立土地经营权的方式。在当事人以土地经营权设定担保物权时,一旦债务人未能偿还到期债务,担保物权人有权就土地经营权优先受偿。

3.土地经营权设立的程序要求,即应当向发包方备案。应注意以下问题:(1)备案的义务主体是承包方,即设立土地经营权的农户,而不是受让方。(2)接受备案的一方是发包方。承包方应当根据承包时的实际情况,依法向相应的发包方备案:由本村集体经济组织(经济联合社)发包的,就应当向本村集体经济组织备案;由本小组集体经济组织(经济合作社)发包的,则应当向本小组集体经济组织备案;由村民委员会代为发包的,就应当报村民委员会备案。(3)备案并非审批或者审核,也不是征得集体经济组织的同意。

关联规定

《农业农村部、国家发展改革委、财政部等关于开展土地经营权入股发展农业产业化经营试点的指导意见》

第三十七条 【土地经营权人的权利】土地经营权人有权在合同约定的期限内占有农村土地,自主开展农业生产经营并取得收益。

条文注释

根据本法及相关法律的规定,土地经营权人的权利具体包括以下几个方面:(1)占有权。土地经营权人取得土地经营权后,即有权占有承包方的承包地。所谓占有,就是对承包地的支配并排除他人非法干涉。土地经营权人对承包地的占有是直接占有,是对承包地的实际控制。(2)使用权。这是指按照物的属性和功能,不损毁或改变物的性质,对物加以生产或生活上的利用。土地经营权人对承包地享有使用权,就是利用承包地开展农业生产经营的权利。应当注意的是,土地经营权人还必须严格按照农业用地种类性质使用承包地。(3)收益权。土地经营权人占有、使用流转取得的承包地,最终目的就是取得农业生产经营的收益。(4)改良土壤、建设附属设施的权利。本法第四十三条规定,经承包方同意,受让方可以依法投资改良土壤,建设农业生产附属、配套设施,并按照合同约定对其投资部分获得合理补偿。(5)再流转的权利。本法第四十六条规定,经承包方书面同意,并向本集体经济组织备案,受让方可以再流转土地经营权。这里应注意其限制性条件:一是在程序上,不仅要征得承包方的书面同意,还必须向发包方备案;二是再次流转的权利义务应当与承包方所签流转合同约定保持一致,不能超出原合同约定的权利范围;三是在流转期限上,再次流转的期限不得超过原流转期限的剩余期限。(6)以土地经营权融资担保的权利。本法第四十七条第一款中规定,受让方通过流转取得的土地经营权,经承包方书面同意并向发包方备案,可以向金融机构融资担保。

第三十八条 【土地经营权流转原则】土地经营权流转应当遵循以下原则:

（一）依法、自愿、有偿，任何组织和个人不得强迫或者阻碍土地经营权流转；

（二）不得改变土地所有权的性质和土地的农业用途，不得破坏农业综合生产能力和农业生态环境；

（三）流转期限不得超过承包期的剩余期限；

（四）受让方须有农业经营能力或者资质；

（五）在同等条件下，本集体经济组织成员享有优先权。

第三十九条 【土地经营权流转价款】土地经营权流转的价款，应当由当事人双方协商确定。流转的收益归承包方所有，任何组织和个人不得擅自截留、扣缴。

条文注释

根据本法第三十八条的规定，土地经营权流转的基本原则之一就是有偿。受让方取得土地经营权需要支付一定的对价，这就是土地经营权流转的价款。流转价款根据流转方式不同而有所差别，如果是以出租方式流转的，价款就是租金；如果是以转包方式流转的，价款就体现为转包费；如果是以入股方式流转的，价款就是以分红形式体现的。土地经营权流转的收益应当归属于土地承包经营权人，也就是承包方。土地经营权流转的，受让方应当按照合同约定按时足额向承包方支付价款。

第四十条 【土地经营权流转合同】土地经营权流转,当事人双方应当签订书面流转合同。

土地经营权流转合同一般包括以下条款:

(一)双方当事人的姓名、住所;
(二)流转土地的名称、坐落、面积、质量等级;
(三)流转期限和起止日期;
(四)流转土地的用途;
(五)双方当事人的权利和义务;
(六)流转价款及支付方式;
(七)土地被依法征收、征用、占用时有关补偿费的归属;
(八)违约责任。

承包方将土地交由他人代耕不超过一年的,可以不签订书面合同。

条文注释

根据本条第二款的规定,土地经营权流转合同的主要条款包括以下八个方面的内容:

(1)双方当事人的姓名、住所。具体而言,是自然人的,应当写明姓名、身份证号码、住址;是法人或者非法人组织的,应当写明法人或非法人组织的正式全称和依法登记的住所。

(2)流转土地的名称、坐落、面积、质量等级。土地的质量等级是指自然资源主管部门依法评定的土地等级,是反映土地生产能力的重要指标之一。判断土地质量等级的指标包括有效土壤厚度、有机质含量、土壤养分状况、土壤健康状况、障碍因素、灌溉能力、排水能力、酸碱度、耕层厚度等。为了确定耕地质量等级,有关部门制定的《耕地质量等级》国家标准,将耕地质量划分为10个等级。在流转土地经营权时,当事人可以根据国家标准对承包地的质量等级进行测定,将测定出的土地质量等级写入合同。

(3)流转期限和起止日期。需要注意的是,本法规定土地经营权流转的期限不得超过承包期的剩余期限。土地经营权的受让方应当核实承包方的剩余承包期是多少,避免合同约定的流转期限长于剩余承包期。

(4)流转土地的用途。《土地管理法》明确规定我国实行土地用途管制制度。土地分为农用地、建设用地和未利用地。农用地是指直接用于农业生产的土地,包括耕地、林地、草地、农田水利用地、养殖水面等;建设用地是指建造建筑物、构筑物的土地,包括城乡住宅和公共设施用地、工矿用地、交通水利设施用地、旅游用地、军事设施用地等;未利用地是指农用地和建设用地以外的土地。土地经营权的客体是农村土地,包括耕地、林地、草地,以及其他依法用于农业的土地。根据《土地管理法》和本法的规定,土地经营权流转的承包地只能用于从事种植业、林业、畜牧业和渔业生产,且农业用地不能改作非农用地。

(5)双方当事人的权利和义务。根据本法第三十六条的规定,土地经营权流转的方式包括出租(转包)、入股、其他方式。不同的流转方式,当事人之间的权利义务是不同的,具体而言:采取出租方式流转,必须规定出租方的权利和义务、承租方的权利和义务;如果采取入股公司方式流转,则需要根据《公司法》的相关规定,明确作为入股的股东,享有哪些权利、应当履行什么义务等;如果入股的是农民专业合作社,还必须根据《农民专业合作社法》的规定明确成员的权利和义务;如果是以土地经营权融资担保的方式流转,就需要根据《民法典》的相关规定,确定当事人之间的权利义务。

(6)流转价款及支付方式。价款也应当根据流转方式不同而分别确定:以出租方式流转的,双方当事人可以约定租金,同时为了避免因粮食价格波动导致的不合理,双方还可以约定租金的计算方式;以入股方式流转的,需要先估算流转的土地经营权的价值,将估值折价作为入股,计算所占股份比例,再按照收益计算每年的分红。

(7)土地被依法征收、征用、占用时有关补偿费(如土地补偿费、安置补偿费、地上附着物和青苗补偿费等费用)的归属。

(8)违约责任。这是指当事人一方或者双方不履行合同或者不适当履行合同,依照法律的规定或者按照当事人的约定应当承担的法律责任。违约责任是促使当事人履行合同义务,使对方免受或少受损失的法律措施,也是保证合同履行的主要条款。

第四十一条 【土地经营权登记】土地经营权流转期限为五年以上的,当事人可以向登记机构申请土地经营权登记。未经登记,不得对抗善意第三人。

条文注释

根据本条规定,土地经营权流转期限为5年以上的,当事人可以向登记机构申请土地经营权登记,登记后即可以对抗善意第三人。所谓善意第三人就是不知道也不应当知道承包地上设有土地经营权的人。受让方一旦在流转的承包地上申请土地经营权登记,其他人就不得再在同一地块上申请性质相同的土地经营权登记,包括土地承包经营权人本人。登记后的土地经营权相对于债权而言同样具有优先效力。土地经营权与土地承包经营权的登记机构是同一机构。

还应注意的是,土地经营权未经登记,同样受到法律的保护。分层次理解如下:(1)流转期限5年以上的未登记的土地经营权能够对抗恶意第三人,即可以对抗知情第三人。(2)流转期限5年以下的土地经营权,在性质上属于债权,在当事人之间具有法律约束力。双方当事人均需要严格按照合同约定全面及时履行自己的义务。(3)未申请登记的土地经营权同样受到《民法典》的保护(本法第五十六条即规定,任何组织和个人侵害土地经营权的,应当承担民事责任)。

第四十二条 【土地经营权流转合同单方解除权】承包方不得单方解除土地经营权流转合同,但受让方有下列情形之一的除外:

(一)擅自改变土地的农业用途;

(二)弃耕抛荒连续两年以上;

(三)给土地造成严重损害或者严重破坏土地生态

环境;

(四)其他严重违约行为。

条文注释

本条规定,承包方除有法定情形外不得单方解除土地经营权流转合同。这在一定程度上限制了承包方的单方解除权。承包方单方解除合同的事由限于以下四种:(1)擅自改变土地的农业用途。土地经营权人须严格按照土地用途开展生产经营活动,不得擅自改变土地的农业用途。土地经营权人如果未按照约定的用途使用土地,不仅违反了合同的规定,而且可能违反法律的规定。(2)弃耕抛荒连续2年以上。《土地管理法》也规定,禁止任何单位和个人闲置、荒芜耕地。但应注意,短期休耕1年以恢复地力,这是允许的。(3)给土地造成严重损害或者严重破坏土地生态环境。(4)其他严重违约行为。

承包方要解除土地经营权流转合同,还应当遵守《民法典》合同编有关解除权的规定。其一,解除权应当在法定或者约定的期限内行使。一般而言,法律规定或者当事人约定解除权行使期限,期限届满当事人不行使的,解除权消灭;法律没有规定或者当事人没有约定解除权行使期限,自解除权人知道或者应当知道解除事由之日起1年内不行使,或者经对方催告后在合理期限内不行使的,解除权也会消灭。其二,行使解除权还应按照一定的方式行使。根据《民法典》的规定,当事人应当通知对方,合同自通知到达对方时解除。

对方当事人接到解除合同的通知后,认为不符合约定或者法律规定的解除合同的条件,不同意解除合同的,可以请求人民法院或者仲裁机构确认能否解除合同。

关联规定

《民法典》第五百六十四条、第五百六十五条

第四十三条 【土地经营权受让方可以依法投资并获得补偿】经承包方同意,受让方可以依法投资改良土壤,建设农业生产附属、配套设施,并按照合同约定对其投资部分获得合理补偿。

条文注释

理解本条规定,应注意把握以下几个方面的内容:(1)受让方投资改良土壤以及建设农业生产附属、配套设施,必须经承包方同意。(2)受让方投资改良土壤,建设农业生产附属、配套设施必须依法进行。(3)受让方就改良土壤以及建设农业生产附属、配套设施进行投资的,可与承包方约定合理补偿。此类约定既可以在签订流转合同时事先载明,也可以在实际投资或者建设时双方再行协商。关于合理补偿的标准,要综合考虑投资年限、有关设施的使用折旧程度等加以确定。

第四十四条 【承包方流转土地经营权后与发包方承包关系不变】承包方流转土地经营权的,其与发包方的承包关系不变。

条文注释

本条规定,承包方流转土地经营权的,其与发包方的承包关系不变。理解这一规定,可以从以下两个方面予以把握:(1)承包方流转土地经营权可以采取出租(转包)、入股或者其他方式,但无论采取何种方式,其与受让方形成何种性质的法律关系,均不影响其与发包方形成的承包关系,承包方依然属于承包合同关系的一方当事人。(2)发包方不是流转合同的当事人,但其作为土地发包的主体,在特定情形下,依然享有终止流转合同并要求受让方赔偿损害的权利。根据本法第六十四条的规定,土地经营权人擅自改变土地的农业用途、弃耕抛荒连续2年以上、给土地造成严重损害或者严重破坏土地生态环境,承包方在合理期限内不解除土地经营权流转合同的,发包方有权要求终止土地经营权流转合同。

第四十五条　【社会资本取得土地经营权的资格审查等制度和集体经济组织收取管理费用】 县级以上地方人民政府应当建立工商企业等社会资本通过流转取得土地经营权的资格审查、项目审核和风险防范制度。

工商企业等社会资本通过流转取得土地经营权的,本集体经济组织可以收取适量管理费用。

具体办法由国务院农业农村、林业和草原主管部门规定。

条文注释

根据本条第一款规定,对工商企业等社会资本流转土地经营权进行风险控制的主体是县级以上地方人民政府。资格审查,是指对流转取得土地经营权的工商企业等社会资本是否具备农业经营能力或者相应资质进行审查,确保其在流转取得土地经营权后能够作为适格主体进行开发经营,实现土地利用效益的最大化。项目审核,是指对工商企业流转土地经营权后的具体开发项目要予以把关审核,特别是要确保项目开发不得改变土地的农业用途,不得破坏农业综合生产能力和农业生态环境。风险防范,是指在整个工商企业等社会资本通过流转取得土地经营权并用于实际开发的过程中,政府有关部门应当始终强调事前事中事后监管,切实防范因经营主体违约或者经营不善等损害农民权益的事项发生。国务院农业农村、林业和草原主管部门制定社会资本流转取得土地经营权的资格审查、项目审核、风险防范制度的具体办法。

第四十六条 【土地经营权受让方再流转土地经营权】经承包方书面同意,并向本集体经济组织备案,受让方可以再流转土地经营权。

条文注释

根据本条规定,通过流转取得土地经营权的受让方,如果再次流转土地经营权,需要注意从以下两个方面把握:(1)土地经营权的再次流转需要经过"同意"加"备案"的程序。具体而言,受让方再次流转土地经营权,需要征得承包方的书面同意,同时还应向作为发包方的集体经济组织履行备案手续。(2)注意受让方再次流转土地经营权的方式。根据本法

第三十六条的规定,承包方可以自主决定依法采取出租(转包)、入股或者其他方式向他人流转土地经营权。受让方再次流转土地经营权时,依然可以自主决定通过采取这些方式进行。同时,不管通过何种具体方式流转,都需遵循本法所确定的土地经营权流转的规定:不得改变土地所有权的性质和土地的农业用途,不得破坏农业综合生产能力和农业生态环境;流转期限不得超过承包期的剩余期限;次受让方须有农业经营能力或者资质等。

第四十七条 【土地经营权融资担保】承包方可以用承包地的土地经营权向金融机构融资担保,并向发包方备案。受让方通过流转取得的土地经营权,经承包方书面同意并向发包方备案,可以向金融机构融资担保。

担保物权自融资担保合同生效时设立。当事人可以向登记机构申请登记;未经登记,不得对抗善意第三人。

实现担保物权时,担保物权人有权就土地经营权优先受偿。

土地经营权融资担保办法由国务院有关部门规定。

条文注释

本条第一款实际上包含两种情况:(1)承包方利用其所承包的承包地的土地经营权向金融机构融资担保。此种情况下,由于承包方并未将承包地的土地经营权向外流转,承包方的土地承包权与土地经营权没有分离,因此,作为担保物的土地经营权实际上还未现实存在,承包方是用将来的土地经营权融资担保,到需要实现担保物权时,土地经营权才从土地承包经营权中分离出来,作为优先受偿的财产出现。(2)承包方将承包地的土地经营权流转后,受让土地经营权的受让方利用土地经营权向金融机构融资担保。在这种情况下,承包方自己不实际经营土地,而是流转给受让方,受让方将流转取得的承包地的土地经营权向金融机构融资担保。

应注意的是,承包方与受让方通过承包地的土地经营权融资担保的程序是不同的:(1)承包方作为土地承包经营权人,利用承包地的土地经营权提供担保时,只需履行向发包方备案的程序。是否利用土地经营权融资担保由承包方自己决定,无须经过发包方同意。(2)受让方将通过流转取得的土地经营权融资担保时,不仅需要履行向发包方备案的程序,还必须经过承包方的书面同意。

根据本条第二款规定,担保物权自融资担保合同生效时设立。与此相对应,担保物权成立后,当事人可以向登记机构申请登记,登记是对抗要件而非生效要件。

根据本条第三款规定,实现担保物权时,担保物权人有权就土地经营权优先受偿。本法中使用了"融资担保"的概念,包含了抵押和质押等多种情形,根据《民法典》的规定,担保物权人在债务人不履行到期债务或者发生当事人约定的实现担保物权的情形时,根据担保形式的不同,实现担保物权的方式也有所不同。

第三章 其他方式的承包

第四十八条 【家庭承包之外的其他承包方式】不宜采取家庭承包方式的荒山、荒沟、荒丘、荒滩等农村土地,通过招标、拍卖、公开协商等方式承包的,适用本章规定。

条文注释

前述的家庭承包是按照国家有关规定进行的、人人有份的承包,主要是耕地、林地和草地,具有社会保障的性质;本章规定的其他方式的承包,即通过招标、拍卖、公开协商等方式进行的承包,主要是"四荒地"等其他土地(如荒山、荒沟、荒丘、荒滩等土地资源),要通过市场化的方式获得其土地经营权。

1.通过招标的方式。在这种交易方式下,农民集体所有的"四荒地"等农村土地依法属于村农民集体所有的,由村集体经济组织或者村民委员会作为招标方;已经分别属于村内两个以上农村集体经济组织的农民集体所有的,由村内各该农村集体经济组织或者村民小组作为招标方;国家所有依法由农民集体使用的,由使用该土地的农村集体经济组织、村民委员会或者村民小组作为招标方。招标方通过发布招标公告或者向有意投标承包的集体经济组织内部成员及外部农业生产经营者发出招标邀请等方式发出招标信息,列出欲发包的荒山、荒沟、荒丘、荒滩等土地名称、坐落、面积、质量等级及其承包要求、承包期限以及对承包经营者的资格要求等招标条件,表明将与最能够满足承包要求的农业承包经营者签订承包合同的意向。各有意承包的农业承包经营者作为投标方,向招标方书面提出自己响应招标要求的条件,参加投标竞争。招标方在对各投标者的条件进行审查比较后,从中择优选定中标者,并与其签订承包合同。

2.通过拍卖的方式。这是指以公开竞价的形式,将特定物的财产权利转让给最高应价者的买卖方式。它必须经过以下三个步骤:(1)拍卖人将拍卖物的种类、拍卖处所、拍卖日期及其他必要事项公开告知公众。拍卖必须是公开的出卖。拍卖人所公开表示的出卖意思本身并不是买卖合同意义上的要约,而只是要约邀请。(2)在规定的拍卖日期和拍卖地点,拍卖人当众拍卖规定的物品。拍卖的性质决定了竞买人必须是多数人。各个竞买人在拍卖过程中可以以竞相抬高价格的方式出价购买。竞买人的出价就是法律意义上的要约。竞买人的出价对他自己有约束力,但是,在拍卖人拍定以前,竞买人可以随时撤回自己的出价。(3)拍卖人对于竞买人的意思表示作出承诺,这种承诺就叫拍定,是拍卖人表示卖定的意思。拍定意味着拍卖人接受竞买人的要约,一经拍定,买卖合同便告成立。

第四十九条 【以其他方式承包农村土地应当签订土地承包合同、承包方取得土地经营权】以其他方式承包农村土地的,应当签订承包合同,承包方取得土地经营权。当事人的权利和义务、承包期限等,由双方协商确定。以招标、拍卖方式承包的,承包费通过公开竞标、竞价确定;以公开协商等方式承包的,承包费由双方议定。

条文注释

与家庭承包方式相同,在采取其他方式承包的情况下,承包方也需要同发包方订立承包合同,通过合同确立双方的权利义务。不同的是,在不违反法律强制性规定的条件下,双方的权利义务、承包期限等可以由双方协商确定。与2009年《农村土地承包法》的规定相比,本条于2018年增加了"承包方取得土地经营权"的规定,即将通过其他方式承包的承包方取得的权利明确为"土地经营权",以进一步与家庭承包方式的承包方的"土地承包经营权"相区分,后者仅限于家庭承包方式的承包方通过承包经营合同取得的权利。

第五十条 【"四荒地"等土地承包经营方式】荒山、荒沟、荒丘、荒滩等可以直接通过招标、拍卖、公开协商等方式实行承包经营,也可以将土地经营权折股分给本集体经济组织成员后,再实行承包经营或者股份合作经营。

承包荒山、荒沟、荒丘、荒滩的,应当遵守有关法律、行政法规的规定,防止水土流失,保护生态环境。

条文注释

与家庭承包相比,"四荒地"的公开招标、拍卖将所有权与使用权划分得更为清楚,"四荒地"承包者对土地享有更为完善的经营自主权、收益权和让渡权。具体体现为:(1)购买"四荒地"的期限由当事人双方议定,一般为50年,期限较长;(2)购荒者一次性买断一定时期对"四荒地"的使用权,可以在有效期限内对"四荒地"实行转让、出租、入股、抵押和继承。除了通过直接招标、拍卖、公开协商等形式实行"四荒地"的承包经营外,在本集体经济组织内部,也可以将"四荒地"经营权折股分给本集体经济组织成员后,再实行承包经营或者股份合作经营。

第五十一条 【以其他方式承包农村土地,本集体经济组织内部成员在同等条件下有权优先承包】以其他方式承包农村土地,在同等条件下,本集体经济组织成员有权优先承包。

条文注释

根据本条规定,同等条件下本集体经济组织成员有权优先承包的仅限于以其他方式(如招标、拍卖、公开协商等)承包的农村土地,具体指农民集体所有和国家所有依法由农民集体使用的土地资源,以荒山、荒沟、荒丘、荒滩等"四荒地"为代表。采取家庭承包方式承包的耕地、林地、草地不适用本条规定。这里的"同等条件",具体是指本集体经济组织内部成员和外部竞包者同时参与承包权的竞争,两者的农业技术力量、资金状况、信誉状况、承包费用等条件相当的情况。

应注意的是,2018年修改《农村土地承包法》时,将"享有优先承包权"的表述修改为"有权优先承包"。这与2018

年修法中以其他方式承包的承包方获得的是"土地经营权"、不再是"土地承包经营权"的思路是一致的,即不再突出强调其他方式承包的承包性特征,而将其与家庭承包方式相区分,重点突出承包方通过其他方式承包获得的是土地经营权。

第五十二条 【以其他方式将农村土地承包给本集体经济组织以外的单位和个人应遵循的发包程序】发包方将农村土地发包给本集体经济组织以外的单位或者个人承包,应当事先经本集体经济组织成员的村民会议三分之二以上成员或者三分之二以上村民代表的同意,并报乡(镇)人民政府批准。

由本集体经济组织以外的单位或者个人承包的,应当对承包方的资信情况和经营能力进行审查后,再签订承包合同。

条文注释

以其他方式承包的"四荒地"主要是农村集体所有的土地资源,从所有权归属上讲,属于集体经济组织成员共同所有,在由本集体经济组织以外的单位或个人承包时,应充分考虑集体经济组织内部成员作为共同所有人的决策的权利。因此本条规定了由本集体经济组织以外的单位或个人承包土地时,应遵循的程序:应当事先经本集体经济组织成员的村民会议2/3以上成员或者2/3以上村民代表的同意;由本集体经济组织以外的单位或者个人承包的,发包方应当对承包方的资信情况和经营能力进行审查后,再签订承包合同。

> **第五十三条 【以其他方式承包取得的土地经营权流转】**通过招标、拍卖、公开协商等方式承包农村土地,经依法登记取得权属证书的,可以依法采取出租、入股、抵押或者其他方式流转土地经营权。

条文注释

我国的农村土地承包制度具体分为"农村集体经济组织内部的家庭承包方式"和"其他方式的承包"。根据本法第九条和第三十六条的规定,以家庭承包方式取得的承包地的承包方,可以自主决定依法采取出租(转包)、入股或者其他方式向他人流转土地经营权;根据本法第四十九条的规定,以其他方式承包农村土地的,承包方取得土地经营权。这两种土地经营权存在诸多区别,本法在其流转的规定方面也有较大的不同:(1)通过家庭方式的承包取得土地承包经营权后,登记机构应当向承包方颁发土地承包经营权证或者林权证等证书,并登记造册,确认土地承包经营权。承包方在此基础上,可以直接向他人流转土地经营权。以招标、拍卖、公开协商等方式取得的土地承包经营权,承包方有的与发包人是债权关系,还应当依法登记,取得权属证书,在此前提下,土地经营权才具备流转的基础,承包方才可以依法向他人流转土地经营权。(2)通过其他方式的承包所取得的土地经营权是通过市场化的行为并支付一定的对价获得的,其流转无须向发包人备案或经发包人同意。其对受让方也没有特别限制,接受流转的一方可以是本集体经济组织以外的个人、农业公司等。

> **第五十四条 【以其他方式承包取得的土地经营权继承】** 依照本章规定通过招标、拍卖、公开协商等方式取得土地经营权的,该承包人死亡,其应得的承包收益,依照继承法的规定继承;在承包期内,其继承人可以继续承包。

条文注释

理解本条,应注意与本法第三十二条的区别:(1)在家庭承包的方式中,土地承包经营权是农村集体经济组织内部人人有份的,是农村集体经济组织成员的一项权利,成为非农业人口的继承人已经不是农村集体经济组织的成员了,也没有对土地承包经营权的继承权;在其他方式的承包中,则不存在这个问题。(2)在家庭承包的方式中,由于是以户为生产经营单位,因此部分家庭成员死亡的,不发生土地承包经营权本身的继承问题,而是由该承包户内的其他成员继续承包。如果承包人死亡,承包方的家庭消亡,土地承包经营权由发包方收回,其他继承人只能继承土地承包的收益,并要求发包方对被继承人在土地上的投入做一定的补偿。其他方式的承包则有所不同。如承包本村荒山的承包人,在其死后,荒山可以由其继承人继续承包。如果所有的继承人都不愿意承包经营,还可以通过出租、入股、抵押或者其他方式流转土地经营权,将流转获得的收益作为遗产处理。

但应注意的是,在家庭承包方式中,林地承包的承包人死亡,其继承人可以在承包期内继续承包,这与本条规定的其他方式的承包的继承是类似的。

第四章　争议的解决和法律责任

> **第五十五条　【争议解决途径】**因土地承包经营发生纠纷的,双方当事人可以通过协商解决,也可以请求村民委员会、乡(镇)人民政府等调解解决。
>
> 当事人不愿协商、调解或者协商、调解不成的,可以向农村土地承包仲裁机构申请仲裁,也可以直接向人民法院起诉。

条文注释

根据本条规定,纠纷解决的途径主要有:

1. 协商。
2. 调解。这是指在村民委员会、乡(镇)人民政府等第三方的主持下,在双方当事人自愿的基础上,通过宣传法律、法规、规章和政策,劝导当事人化解矛盾,自愿就争议事项达成协议,使农村土地承包经营纠纷及时得到解决的一种活动。本条规定了几种主要的调解单位,比如,对于村民小组或者村内的集体经济组织发包的,发生纠纷后,可以请求村民委员会调解;对于村集体经济组织或者村民委员会发包的,发生纠纷后,可以请求乡(镇)人民政府调解。其他的调解部门既可以是政府的农业农村、林业和草原等行政主管部门,也可以是政府设立的负责农业承包管理工作的农村集体经济管理部门,还可以是农村土地承包仲裁委员会。

3. 仲裁。农村土地承包经营纠纷仲裁适用《农村土地承包经营纠纷调解仲裁法》的规定,采取的是非协议仲裁、可裁可审、裁后可审的基本制度。非协议仲裁是指向仲裁委员会申请仲裁,不要求双方当事人达成仲裁协议,一方当事人向仲裁委员会提出仲裁申请即可启动仲裁程序。可裁可审是指在纠纷发生后,当事人为了解决纠纷,既可以向仲裁机构申请仲裁,也可以直接向人民法院提起诉讼。裁后可审是指当事人不服仲裁裁决的,可以自收到裁决书之日起的法定期间内向人民法院起诉,逾期不起诉的,裁决书才发生法律效力。

4. 诉讼。在当事人通过前三种途径仍无法解决纠纷时,可以向人民法院起诉;当然,当事人也可以不经协商、调解和仲裁,直接向人民法院起诉。

关联规定

《农村土地承包经营纠纷调解仲裁法》

第五十六条 【侵害土地承包经营权、土地经营权应承担民事责任】 任何组织和个人侵害土地承包经营权、土地经营权的,应当承担民事责任。

条文注释

应当注意的是,如果国家机关及其工作人员利用职权干涉和侵害农村土地承包经营权、土地经营权,依照《行政诉讼法》第十二条第一款第七项、第十二项之规定,承包人如果认为行政机关的具体行政行为侵犯其经营自主权或者农村土地承包经营权、农村土地经营权,或者认为行政机关的具体行政行为侵犯其他财产权益的,可以向人民法院提起行政诉讼。依照《国家赔偿法》第四条第四项的规定,受害人有权向造成损害的行政机关请求赔偿。

> **第五十七条 【发包方民事责任】**发包方有下列行为之一的,应当承担停止侵害、排除妨碍、消除危险、返还财产、恢复原状、赔偿损失等民事责任:
> (一)干涉承包方依法享有的生产经营自主权;
> (二)违反本法规定收回、调整承包地;
> (三)强迫或者阻碍承包方进行土地承包经营权的互换、转让或者土地经营权流转;
> (四)假借少数服从多数强迫承包方放弃或者变更土地承包经营权;
> (五)以划分"口粮田"和"责任田"等为由收回承包地搞招标承包;
> (六)将承包地收回抵顶欠款;
> (七)剥夺、侵害妇女依法享有的土地承包经营权;
> (八)其他侵害土地承包经营权的行为。

条文注释

发包方承担民事责任的方式主要是:

1.停止侵害。这是指发包方正在实施侵害承包方享有的土地承包经营权时,承包方为了维护自己的合法权益,防止损害后果的扩大,有权制止正在实施的不法行为,要求其停止侵害。

2. 排除妨碍。这是指将妨害他人权利的障碍予以排除。受害人对他人的违法妨害行为既有权请求加害人自行排除,也可以请求人民法院强制排除。

3. 消除危险。这是指因行为人实施的行为或者设置的物件等,有造成他人损害或再次造成他人损害的危险时,受害人有权请求行为人将危险消除。在土地承包这一法律关系中,只要发包方的行为对承包方的权益有致害的可能,承包方就可以要求发包方承担消除危险的责任。消除危险既可以单独适用,也可以与其他责任形式合并适用。

4. 返还财产。从民法理论上讲,这是指一方当事人将非法占有的他人财产返还给对方当事人。就发包方侵害承包方土地承包经营权、土地经营权而言,规定这一责任形式非常必要,比如,发包方违法收回承包地的或者扣缴土地经营权流转收益的,承包方即有权要求其返还承包地或者流转收益。

5. 恢复原状。按字面意思理解,这是指将损坏的东西重新修复;引申下去,可以指恢复权利至未被侵害时的状态。恢复原状的适用,一般应具备恢复的可能和修复的必要之条件,恢复原状在不具备上述条件的情况下,可以用赔偿损失来替代。

6. 赔偿损失。这是指违法行为人对违法行为造成的损害所承担的补偿对方损失的民事法律责任方式。赔偿损失的方式包括实物赔偿和金钱赔偿两种。承担赔偿损失责任的前提是违法行为人的违法行为确实给受害方造成了损害后果,即损害事实是赔偿损失责任的构成要件;如果没有损害事实,则不适用赔偿损失。赔偿损失应当贯彻完全赔偿的原则,凡属于违法行为人的违法行为给受害方造成的损失,违法行为人都应当予以赔偿。在土地承包这一法律关系中,如果发包方实施了本法及相关法律所禁止的行为,给承包方造成了损害,就要承担赔偿承包方损失的民事责任。

应注意的是,除这六种民事责任方式外,发包方因违法行为还可以以其他形式承担民事责任。以其他形式承担民事责任的依据应当是《民法典》规定的承担民事责任的方式。《民法典》规定了十一种承担民事责任的方式,除了上述六种以外,还有赔礼道歉及消除影响、恢复名誉等。需要注意的是,这些承担民事责任的方式,既可以单独适用,也可以合并适用。

关联规定

《民法典》第一百七十九条

第五十八条 【承包合同有关内容无效】承包合同中违背承包方意愿或者违反法律、行政法规有关不得收回、调整承包地等强制性规定的约定无效。

条文注释

有效合同对当事人具有法律约束力,国家给予法律保护。无效合同由于违反了法律、行政法规的强制性规定,对当事人不具有法律约束力,国家不予保护。合同无效分为整个合同无效和部分合同无效。合同部分无效的,不影响其他部分的效力,其他部分仍然有效。

关联规定

《民法典》第一百五十三条、第一百五十五条、第一百五十六条

第五十九条 【违约责任】当事人一方不履行合同义务或者履行义务不符合约定的,应当依法承担违约责任。

条文注释

违约责任,是合同当事人违反合同约定所应承担的民事责任。违约责任制度,是保证当事人履行合同义务的重要措施,有利于促进合同的履行和弥补违约造成的损失,对合同当事人和整个社会都具有积极的意义。土地承包合同与其他合同一样,一方当事人的违约行为同样会给另一方当事人造成损失,违约方就应当承担因违约行为给对方造成的损失,即承担违约责任。本条这一规定还明确了违约分为两种情况,即不履行合同义务和履行义务不符合约定。无论是哪一种情况,违约方只要有违约行为,就应当承担违约责任。

第六十条 【强迫承包方进行土地承包经营权互换、转让或者土地经营权流转无效】任何组织和个人强迫进行土地承包经营权互换、转让或者土地经营权流转的,该互换、转让或者流转无效。

条文注释

本法诸多条文对保护土地承包经营权的互换、转让和土地经营权的流转作了规定。根据本法规定,国家保护承包方依法、自愿、有偿流转土地经营权,保护土地经营权人的合法

权益,任何组织和个人不得侵犯。在承包期内,发包方有维护承包方土地承包经营权的义务,承包方有依法享有承包地使用、收益权和依法互换、转让土地承包经营权,依法流转土地经营权的权利。承包方之间为方便耕种或者各自需要,可以对属于同一集体经济组织的土地的土地承包经营权进行互换,并向发包方备案。经发包方同意,承包方可以将全部或者部分的土地承包经营权转让给本集体经济组织的其他农户,由该农户同发包方确立新的承包关系,原承包方与发包方在该土地上的承包关系即行终止。承包方可以自主决定依法采取出租(转包)、入股或者其他方式向他人流转土地经营权,并向发包方备案。本条在上述规范的基础上进一步规定,如果有关组织或者个人强迫承包方进行土地承包经营权互换、转让或者土地经营权流转,该互换、转让或者流转没有法律效力。

第六十一条 【擅自截留、扣缴收益应予退还】任何组织和个人擅自截留、扣缴土地承包经营权互换、转让或者土地经营权流转收益的,应当退还。

▍条文注释

土地经营权流转的原则之一是依法、自愿、有偿。根据法律规定,承包方在自愿的前提下,可以与另一方平等地协商有关土地承包经营权互换、转让和土地经营权流转事宜,如土地经营权流转的方式、流转的期限、流转土地的用途、双方当事人的权利义务或者土地承包经营权转让、土地经营权流转的价款及支付方式等。承包方不仅可以与另一方协商确定互换、转让或者流转费用,还可以根据自己享有的土地承包经营权或者土地经营权明确互换、转让或者流转费用归承包方所有。本法第三十九条规定,土地经营权流转的价款,应当由当事人双方协商确定。流转的收益归承包方所有,任何组织和个人不得擅自截留、扣缴。

第六十二条 【非法征收、征用、占用土地或者贪污、挪用土地征收、征用补偿费用应承担的法律责任】违反土地管理法规,非法征收、征用、占用土地或者贪污、挪用土地征收、征用补偿费用,构成犯罪的,依法追究刑事责任;造成他人损害的,应当承担损害赔偿等责任。

条文注释

征收土地是国家为了社会公共利益的需要,将集体所有的土地转变为国有土地的一项制度。征收土地必须具备以下几个条件:(1)征收土地是一种政府行为,只有国家为了公共利益的需要,才可以对农民集体所有的土地实行征收,其他任何单位和个人都没有征地权;(2)必须依法取得批准;(3)必须依法对被征地对象进行补偿;(4)征收土地的行为必须向社会公开,接受社会的监督;(5)土地被征收的一方有权获得相应的补偿。

征用是国家依法强制使用单位、个人财产的一项制度。征用土地也有严格的条件限制:(1)征用的前提条件是发生紧急情况,平时不得采用;(2)征用应符合法律规定的权限和程序;(3)使用后应当将征用财产返还被征用人,并且给予补偿。

占用土地,是指兴办乡镇企业和村民建设住宅经依法批准使用本集体经济组织农民集体所有的土地或者乡(镇)村公共设施和公益事业建设经依法批准使用农民集体所有土地的行为。非法占用土地,主要是指违反土地管理法律、法规的规定,未经批准、采取欺骗手段骗取批准、超过批准的数量占用土地的行为。

土地征收、征用的补偿费用应当属于土地所有权人和使用权人,用于被征地农民集体的生产发展,安置被征地的农民,补偿农业经营者因土地被征收、征用而遭受的损失等。任何组织和个人贪污、挪用土地征收、征用补偿费用都是违法行为。对此,《民法典》第二百四十三条第四款规定:"任何组织或者个人不得贪污、挪用、私分、截留、拖欠征收补偿费等费用。"《土地管理法》第八十条规定:"侵占、挪用被征收土地单位的征地补偿费用和其他有关费用,构成犯罪的,依法追究刑事责任;尚不构成犯罪的,依法给予处分。"据此,本条规定,违反土地管理法规,贪污、挪用土地征收、征用补偿费用,构成犯罪的,依法追究刑事责任;造成他人损害的,应当承担损害赔偿等责任。

损害赔偿,是指因当事人一方的侵权行为对他方造成损害时应当承担的赔偿对方损失的责任。对于权利人来说,损害赔偿是一种重要的保护权利的手段;对于义务人来说,它是一种重要的承担责任的方式。损害赔偿的范围包括侵权人造成的全部损失,即应当贯彻完全赔偿的原则。

关联规定

《刑法》第三百四十二条、第四百一十条

第六十三条 【承包方、土地经营权人违法将承包地用于非农建设的行政责任,以及承包方给承包地造成永久性损害所应承担的民事责任】 承包方、土地经营权人违法将承包地用于非农建设的,由县级以上地方人民政府有关主管部门依法予以处罚。

承包方给承包地造成永久性损害的,发包方有权制止,并有权要求赔偿由此造成的损失。

条文注释

本条第一款规定,承包方、土地经营权人违法将承包地用于非农建设的,由县级以上地方人民政府有关主管部门依法予以处罚。使用土地的组织和个人必须严格按照土地利用总体规划确定的用途使用土地。将土地做这样的分类是国家实行土地用途管制制度的需要,主要目的是限制农用地转为建设用地,特别是要对耕地实行重点保护。《土地管理法》第十三条中规定,承包经营土地的单位和个人,有保护和按照承包合同约定的用途合理利用土地的义务。第四十四条中规定,涉及农用地转为建设用地的,应当办理审批手续。这种农用地转用审批是国家控制土地利用、保护农用地的必要手段。本法第十一条第一款明确规定:"农村土地承包经营应当遵守法律、法规,保护土地资源的合理开发和可持续利用。未经依法批准不得将承包地用于非农建设。"对于承包方、土地经营权人违法将承包地用于非农建设的,县级以上地方人民政府有关部门有权依法予以行政处罚,即行政机关对违反国家土地管理制度的违法行为人,依法给予行政制裁。具体的处罚方式有:(1)罚款;(2)没收违法所得;(3)责令限期拆除在土地上新建的建筑物和其他设施等,恢复土地原状;(4)没收在土地上新建的建筑物和其他设施;(5)责令限期改正或者治理;(6)责令缴纳复垦费;(7)责令退还或者交还非法占用的土地。

本条第二款规定,承包方给承包地造成永久性损害的,发包方有权制止,并有权要求赔偿由此造成的损失。与之相对应,本法在第十八条关于承包方的义务中明确规定,承包方应当维持土地的农业用途,未经依法批准不得用于非农建设;依法保护和合理利用土地,不得给土地造成永久性损害。农村土地的所有权为农民集体所有或者国家所有,为了保护所有权人的利益,防止承包方给承包地造成永久性损害,本法第十四条赋予了发包方监督承包方依照承包合同约定的用途合理利用和保护土地、制止承包方损害承包地和农业资源的行为的权利。发包方作为代表农民集体行使所有权的主体或者是发包国家所有的农村土地的主体,具有发包权、监督权、管理权及法律、法规规定的其他权利,在承包地受到损害时,有权要求停止侵害、排除妨碍、赔偿损失等。

第六十四条 【土地经营权人有关违法行为民事责任】 土地经营权人擅自改变土地的农业用途、弃耕抛荒连续两年以上、给土地造成严重损害或者严重破坏土地生态环境,承包方在合理期限内不解除土地经营权流转合同的,发包方有权要求终止土地经营权流转合同。土地经营权人对土地和土地生态环境造成的损害应当予以赔偿。

条文注释

土地经营权人取得土地经营权,有权在合同约定的期限内占有农村土地,自主开展农业生产经营并取得收益。此外,土地经营权人在取得承包方书面同意并经发包方备案的前提下,还可以再流转土地经营权或者以土地经营权向金融机构融资担保。土地经营权人在享有上述权利的同时还负有相应的义务。本法第十一条第一款规定:"农村土地承包经营应当遵守法律、法规,保护土地资源的合理开发和可持续利用。未经依法批准不得将承包地用于非农建设。"第三十八条第二项规定,土地经营权流转应当遵循不得改变土地所有权的性质和土地的农业用途,不得破坏农业综合生产能力和农业生态环境的原则。因此,土地经营权人除了按时足额支付土地经营权流转的价款以外,还须承担不改变土地的农业用途、不弃耕抛荒、不严重损害土地或者严重破坏土地生态环境等义务。

土地经营权人如果违反上述义务,不仅会使承包方的利益受到不成比例的损害,还违反了行政方面的法律法规,损害了社会公共利益。为此,本法从保护承包方利益的角度赋予了承包方法定的单方解除合同的权利,在第四十二条规定:"承包方不得单方解除土地经营权流转合同,但受让方有下列情形之一的除外:(一)擅自改变土地的农业用途;(二)弃耕抛荒连续两年以上;(三)给土地造成严重损害或者严重破坏土地生态环境;(四)其他严重违约行为。"应注意的是,承包方应当在合理期限内解除土地经营权流转合同,这不仅是法律赋予的一项权利,也是一项义务。

在土地经营权人实施破坏农村土地的行为,而承包方怠于行使解除合同的权利时,发包方尽管并不是土地经营权流转合同的当事人,但是出于保护农民集体所有的或者国家所有的农村土地的需要,可以通过要求终止土地经营权流转合同的方式制止土地经营权人的侵害行为。需要注意的是,发包方要求终止土地经营权流转合同有个前置条件,即对于土地经营权人破坏农村土地的行为,承包方未在合理期限内解除土地经营权流转合同。至于"合理期限"的具体期限,本条并没有作出统一规定。

理解本条还应当注意的是,土地经营权流转合同被解除或者终止,不影响土地经营权人应当承担的违约责任或者侵权责任。承包方或者发包方都有请求权,都可以要求土地经营权人赔偿损失。

第六十五条 【国家机关及其工作人员法律责任】国家机关及其工作人员有利用职权干涉农村土地承包经营,变更、解除承包经营合同,干涉承包经营当事人依法享有的生产经营自主权,强迫、阻碍承包经营当事人进行土地承包经营权互换、转让或者土地经营权流转等侵害土地承包经营权、土地经营权的行为,给承包经营当事人造成损失的,应当承担损害赔偿等责任;情节严重的,由上级机关或者所在单位给予直接责任人员处分;构成犯罪的,依法追究刑事责任。

条文注释

本法规定了国家机关及其工作人员的相关职责,如第十二条规定了对农村土地承包经营及承包经营合同的指导、管理,第二十四条规定了对承包地的确权登记颁证,第二十八条规定了对承包地调整的批准,第四十五条规定了对通过流转取得土地经营权的工商企业等社会资本的资格审查、项目审核和风险防范,第五十五条规定了对土地承包经营纠纷的调解。除此以外,国家机关及其工作人员还有关于土地用途管制、环境保护监督等其他职责。

与之相对应,本法在多处强调了承包经营当事人的权利及其保护问题。如第五条规定,农村集体经济组织成员有权依法承包由本集体经济组织发包的农村土地。任何组织和个人不得剥夺和非法限制农村集体经济组织成员承包土地的权利。第八条规定,国家保护集体土地所有者的合法权益,保护承包方的土地承包经营权,任何组织和个人不得侵犯。第十条规定,国家保护承包方依法、自愿、有偿流转土地经营权,保护土地经营权人的合法权益,任何组织和个人不得侵犯。第十七条规定,承包方依法享有承包地使用、收益和互换、转让土地承包经营权及流转土地经营权的权利,有权自主组织生产经营和处置产品。第三十七条规定,土地经营权人有权在合同约定的期限内占有农村土地,自主开展农业生产经营并取得收益。第三十八条第一项规定,土地经营权流转应当遵循依法、自愿、有偿原则,任何组织和个人不得强迫或者阻碍土地经营权流转。

国家机关及其工作人员违反上述规定,应当相应承担民事、行政和刑事法律责任,具体包括:(1)承担赔偿责任。(2)由上级机关或者所在单位给予直接责任人员处分。(3)承担相应的刑事责任。

第五章 附 则

第六十六条 【对本法实施前已按国家有关规定形成的农村土地承包关系予以法律确认】本法实施前已经按照国家有关农村土地承包的规定承包,包括承包期限长于本法规定的,本法实施后继续有效,不得重新承包土地。未向承包方颁发土地承包经营权证或者林权证等证书的,应当补发证书。

条文注释

已按国家有关规定进行的农村土地承包,包括承包期限长于本法规定的,在本法实施后是否具有法律效力,受本法保护?本条对此明确地作出了肯定性规定,同时明确禁止以此为由重新承包土地。也就是说,本法实施前按照国家有关农村土地承包的规定形成的土地承包关系,依然合法有效;即使承包合同中确定的承包期限超出本法第二十一条规定的时限,即耕地承包期超过30年、草地承包期超过50年、林地承包期超过70年的,依然视同符合本法规定,本法予以保护。同时,本条又对补发有关权属证书的问题作了规定。对过去遗留下的未颁发证书的情况,各地区的登记机构应当依本法有关规定及时予以补办,权属证书上的有关记载应符合本法及相关法律法规及国家政策的规定。

第六十七条 【机动地预留限制】本法实施前已经预留机动地的,机动地面积不得超过本集体经济组织耕地总面积的百分之五。不足百分之五的,不得再增加机动地。

本法实施前未留机动地的,本法实施后不得再留机动地。

条文注释

本法只允许在特殊情况下收回农民的承包地,实际上已禁止在承包工作完成后再通过收回承包地的方式扩大机动地的做法。除不得通过收回和调整承包地而扩大机动地之外,农村集体经济组织也不得通过土地整理的方式再增加机动地。对此,本条第一款对本法实施前已经预留机动地的进一步作出限定:"不足百分之五的,不得再增加机动地。"本条第二款进而规定:"本法实施前未留机动地的,本法实施后不得再留机动地。"

第六十八条 【授权省级人大常委会制定实施办法】各省、自治区、直辖市人民代表大会常务委员会可以根据本法,结合本行政区域的实际情况,制定实施办法。

条文注释

考虑到各地情况差别比较大,本法对一些问题只作原则性规定,给地方制定具体办法留有一定空间。本条规定则在以上规定的基础上进一步将一般规定的普遍适用与各地情况的客观差异相结合。允许各地在本法和其他法律规定的范围内制定结合当地实际的实施办法。据此,省级人大常委会可以制定农村土地承包法的实施办法。

第六十九条 【农村集体经济组织成员身份确认】确认农村集体经济组织成员身份的原则、程序等,由法律、法规规定。

条文注释

《民法典》第二百六十一条第一款规定:"农民集体所有的不动产和动产,属于本集体成员集体所有。"农村集体经济组织成员的身份是对农民集体所有的财产享有权利的重要依据,只有具备农村集体经济组织成员身份才能依法享有集体土地的承包经营权、宅基地使用权、集体收益分配权、参与集体事务管理的权利等。鉴于土地承包经营权是农村集体经济组织成员的财产性权利,农村集体经济组织成员身份又是获得土地承包经营权的前提条件,为解决实践中的急迫需要并与本法第五条相衔接,本条规定,确认农村集体经济组织成员身份的原则、程序等,由法律、法规规定。目前法律层面尚未对确认集体经济组织成员身份的原则、程序等进行明确规定,在法规层面,根据《立法法》第七十二条和第八十二条的规定,行政法规和地方性法规也可以对确认农村集体经济组织成员身份的原则、程序等作出规定。

第七十条 【施行日期】本法自2003年3月1日起施行。

条文注释

本法于 2002 年 8 月 29 日由第九届全国人大常委会第二十九次会议审议通过时,确定了实施日期为 2003 年 3 月 1 日。2018 年修改本法,采取的办法是对法律的部分条文通过修改决定的形式予以修改,即 2018 年 12 月 29 日第十三届全国人大常委会第七次会议通过了《关于修改〈中华人民共和国农村土地承包法〉的决定》,该修改决定自 2019 年 1 月 1 日起施行,并未对法律全文作修改,未修改的部分继续施行;经过修改的条文,包括新增加的条文,生效时间为 2019 年 1 月 1 日。

附录一 政策文件

中共中央关于全面深化改革若干重大问题的决定(节录)

(2013年11月12日中国共产党第十八届中央委员会第三次全体会议通过)

六、健全城乡发展一体化体制机制

城乡二元结构是制约城乡发展一体化的主要障碍。必须健全体制机制,形成以工促农、以城带乡、工农互惠、城乡一体的新型工农城乡关系,让广大农民平等参与现代化进程、共同分享现代化成果。

(20)加快构建新型农业经营体系。坚持家庭经营在农业中的基础性地位,推进家庭经营、集体经营、合作经营、企业经营等共同发展的农业经营方式创新。坚持农村土地集体所有权,依法维护农民土地承包经营权,发展壮大集体经济。稳定农村土地承包关系并保持久不变,在坚持和完善最严格的耕地保护制度前提下,赋予农民对承包地占有、使用、收益、流转及承包经营权抵押、担保权能,允许农民以承包经营权入股发展农业产业化经营。鼓励承包经营权在公开市场上向专业大户、家庭农场、农民合作社、农业企业流转,发展多种形式规模经营。

鼓励农村发展合作经济,扶持发展规模化、专业化、现代化经营,允许财政项目资金直接投向符合条件的合作社,允许财政补助形成的资产转交合作社持有和管护,允许合作社开展信用合作。鼓励和引导工商资本到农村发展适合企业化经营的现代种养业,向农业输入现代生产要素和经营模式。

关于全面深化农村改革加快推进农业现代化的若干意见(节录)

(2014 年 1 月 19 日中共中央、国务院印发)

四、深化农村土地制度改革

17. 完善农村土地承包政策。稳定农村土地承包关系并保持长久不变,在坚持和完善最严格的耕地保护制度前提下,赋予农民对承包地占有、使用、收益、流转及承包经营权抵押、担保权能。在落实农村土地集体所有权的基础上,稳定农户承包权、放活土地经营权,允许承包土地的经营权向金融机构抵押融资。有关部门要抓紧研究提出规范的实施办法,建立配套的抵押资产处置机制,推动修订相关法律法规。切实加强组织领导,抓紧抓实农村土地承包经营权确权登记颁证工作,充分依靠农民群众自主协商解决工作中遇到的矛盾和问题,可以确权确地,也可以确权确股不确地,确权登记颁证工作经费纳入地方财政预算,中央财政给予补助。稳定和完善草原承包经营制度,2015 年基本完成草原确权承包和基本草原划定工作。切实维护妇女的土地承包权益。加强农村经营管理体系建设。深化农村综合改革,完善集体林权制度改革,健全国有林区经营管理体制,继续推进国有农场办社会职能改革。

五、构建新型农业经营体系

21. 发展多种形式规模经营。鼓励有条件的农户流转承包土地的经营权,加快健全土地经营权流转市场,完善县乡村三级服务和管理网络。探索建立工商企业流转农业用地风险保障金制度,严禁农用地非农化。有条件的地方,可对流转土地给予奖补。土地流转和适度规模经营要尊重农民意愿,不能强制推动。

国务院关于进一步推进户籍制度改革的意见(节录)

(2014年7月24日印发　国发〔2014〕25号)

四、切实保障农业转移人口及其他常住人口合法权益

(十二)完善农村产权制度。土地承包经营权和宅基地使用权是法律赋予农户的用益物权,集体收益分配权是农民作为集体经济组织成员应当享有的合法财产权利。加快推进农村土地确权、登记、颁证,依法保障农民的土地承包经营权、宅基地使用权。推进农村集体经济组织产权制度改革,探索集体经济组织成员资格认定办法和集体经济有效实现形式,保护成员的集体财产权和收益分配权。建立农村产权流转交易市场,推动农村产权流转交易公开、公正、规范运行。坚持依法、自愿、有偿的原则,引导农业转移人口有序流转土地承包经营权。进城落户农民是否有偿退出"三权",应根据党的十八届三中全会精神,在尊重农民意愿前提下开展试点。现阶段,不得以退出土地承包经营权、宅基地使用权、集体收益分配权作为农民进城落户的条件。

关于引导农村土地经营权有序流转发展农业适度规模经营的意见

(2014年11月20日中共中央办公厅、国务院办公厅印发)

伴随我国工业化、信息化、城镇化和农业现代化进程,农村劳动力大量转移,农业物质技术装备水平不断提高,农户承包土地的经营权流转明显加快,发展适度规模经营已成为必然趋势。实践证明,土地流转和适度规模经营是发展现代农业的必由之路,有利于优化土地资源配置和提高劳动生产率,有利于保障粮食安全和主要农产品供给,有利于促进农业技术推广应用和农业增效、农民增收,应从我国人多地少、农村情况千差万别的实际出发,积极稳妥地推进。为引导农村土地(指承包耕地)经营权有序流转、发展农业适度规模经营,现提出如下意见。

一、总体要求

(一)指导思想。全面理解、准确把握中央关于全面深化农村改革的精神,按照加快构建以农户家庭经营为基础、合作与联合为纽带、社会化服务为支撑的立体式复合型现代农业经营体系和走生产技术先进、经营规模适度、市场竞争力强、生态环境可持续的中国特色新型农业现代化道路的要求,以保障国家粮食安全、促进农业增效和农民增收为目标,坚持农村土地集体所有,实现所有权、承包权、经营权三权分置,引导土地经营权有序流转,坚持家庭经营的基础性地位,积极培育新型经营主体,发展多种形式的适度规模经营,巩固和完善农村基本经营制度。改革的方向要明,步子要稳,既要加大政策扶持力度,加强典型示范引导,鼓励创新农业经营体制机制,又要因地制宜、循序渐进,不能搞大跃进,不能搞强迫命令,不能搞行政瞎指挥,使农业适度规模经营发展与城镇化进程和农村劳动力转移规模相适应,与农业科技进步和生产手段改进程度相适应,与农业社会化服务水平提高相适应,让农民成为土地流转和规模经营的积极参与者和真正受益者,避免走弯路。

(二)基本原则

——坚持农村土地集体所有权,稳定农户承包权,放活土地经营权,以家庭承包经营为基础,推进家庭经营、集体经营、合作经营、企业经营等多种经营方式共同发展。

——坚持以改革为动力,充分发挥农民首创精神,鼓励创新,支持基层先行先试,靠改革破解发展难题。

——坚持依法、自愿、有偿,以农民为主体,政府扶持引导,市场配置资源,土地经营权流转不得违背承包农户意愿、不得损害农民权益、不得改变土地用途、不得破坏农业综合生产能力和农业生态环境。

——坚持经营规模适度,既要注重提升土地经营规模,又要防止土地过度集中,兼顾效率与公平,不断提高劳动生产率、土地产出率和资源利用率,确保农地农用,重点支持发展粮食规模化生产。

二、稳定完善农村土地承包关系

(三)健全土地承包经营权登记制度。建立健全承包合同取得权利、登记记载权利、证书证明权利的土地承包经营权登记制度,是稳定农村土地承包关系、促进土地经营权流转、发展适度规模经营的重要基础性工作。完善承包合同,健全登记簿,颁发权属证书,强化土地承包经营权物权保护,为开展土地流转、调处土地纠纷、完善补贴政策、进行征地补偿和抵押担保提供重要依据。建立健全土地承包经营权信息应用平台,方便群众查询,利于服务管理。土地承包经营权确权登记原则上确权到户到地,在尊重农民意愿的前提下,也可以确权确股不确地。切实维护妇女的土地承包权益。

(四)推进土地承包经营权确权登记颁证工作。按照中央统一部署、地方全面负责的要求,在稳步扩大试点的基础上,用5年左右时间基本完成土地承包经营权确权登记颁证工作,妥善解决农户承包地块面积不准、四至不清等问题。在工作中,各地要保持承包关系稳定,以现有承包台账、合同、证书为依据确认承包地归属;坚持依法规范操作,严格执行政策,按照规定内容和程序开展工作;充分调动农民群众积极性,依靠村民民主协商,自主解决矛盾纠纷;从实际出发,以农村集体土地所有权确权为基础,以第二次全国土地调查成果为依据,采用符合标准规范、农民群众认可的技术方法;坚持分级负责,强化县乡两级的责任,建立健全党委和政府统一领导、部门密切协作、群众广泛参与的工作机制;科学制定工作方案,明确时间表和路线图,确保工作质量。有关部门要加强调查研究,有针对性地提出操作性政策建议和具体工作指导意见。土地承包经营权确权登记颁证工作经费纳入地方财政预算,中央财政给予补助。

三、规范引导农村土地经营权有序流转

(五)鼓励创新土地流转形式。鼓励承包农户依法采取转包、出租、互换、转让及入股等方式流转承包地。鼓励有条件的地方制定扶持政策,引导农户长期流转承包地并促进其转移就业。鼓励农民在自愿前提下采取互换并地方式解决承包地细碎化问题。在同等条件下,本集体经济组织成员享有土地流转优先权。以转让方式流转承包地的,原则上应在本集体经济组织成员之间进行,且需经发包方同意。以其他形式流转的,应当依法报发包方备案。抓紧研究探索集体所有权、农户承包权、土地经营权在土地流转中的相互权利关系和具体实现形式。按照全国统一安排,稳步推进土地经营权抵押、担保试点,研究制定统一规范的实施办法,探索建立抵押资产处置机制。

（六）严格规范土地流转行为。土地承包经营权属于农民家庭，土地是否流转、价格如何确定、形式如何选择，应由承包农户自主决定，流转收益应归承包农户所有。流转期限应由流转双方在法律规定的范围内协商确定。没有农户的书面委托，农村基层组织无权以任何方式决定流转农户的承包地，更不能以少数服从多数的名义，将整村整组农户承包地集中对外招商经营。防止少数基层干部私相授受，谋取私利。严禁通过定任务、下指标或将流转面积、流转比例纳入绩效考核等方式推动土地流转。

（七）加强土地流转管理和服务。有关部门要研究制定流转市场运行规范，加快发展多种形式的土地经营权流转市场。依托农村经营管理机构健全土地流转服务平台，完善县乡村三级服务和管理网络，建立土地流转监测制度，为流转双方提供信息发布、政策咨询等服务。土地流转服务主体可以开展信息沟通、委托流转等服务，但禁止层层转包从中牟利。土地流转给非本村（组）集体成员或村（组）集体受农户委托统一组织流转并利用集体资金改良土壤、提高地力的，可向本集体经济组织以外的流入方收取基础设施使用费和土地流转管理服务费，用于农田基本建设或其他公益性支出。引导承包农户与流入方签订书面流转合同，并使用统一的省级合同示范文本。依法保护流入方的土地经营权益，流转合同到期后流入方可在同等条件下优先续约。加强农村土地承包经营纠纷调解仲裁体系建设，健全纠纷调处机制，妥善化解土地承包经营流转纠纷。

（八）合理确定土地经营规模。各地要依据自然经济条件、农村劳动力转移情况、农业机械化水平等因素，研究确定本地区土地规模经营的适宜标准。防止脱离实际、违背农民意愿，片面追求超大规模经营的倾向。现阶段，对土地经营规模相当于当地户均承包地面积10至15倍、务农收入相当于当地二三产业务工收入的，应当给予重点扶持。创新规模经营方式，在引导土地资源适度集聚的同时，通过农民的合作与联合、开展社会化服务等多种形式，提升农业规模化经营水平。

(九)扶持粮食规模化生产。加大粮食生产支持力度,原有粮食直接补贴、良种补贴、农资综合补贴归属由承包农户与流入方协商确定,新增部分应向粮食生产规模经营主体倾斜。在有条件的地方开展按照实际粮食播种面积或产量对生产者补贴试点。对从事粮食规模化生产的农民合作社、家庭农场等经营主体,符合申报农机购置补贴条件的,要优先安排。探索选择运行规范的粮食生产规模经营主体开展目标价格保险试点。抓紧开展粮食生产规模经营主体营销贷款试点,允许用粮食作物、生产及配套辅助设施进行抵押融资。粮食品种保险要逐步实现粮食生产规模经营主体愿保尽保,并适当提高对产粮大县稻谷、小麦、玉米三大粮食品种保险的保费补贴比例。各地区各有关部门要研究制定相应配套办法,更好地为粮食生产规模经营主体提供支持服务。

(十)加强土地流转用途管制。坚持最严格的耕地保护制度,切实保护基本农田。严禁借土地流转之名违规搞非农建设。严禁在流转农地上建设或变相建设旅游度假村、高尔夫球场、别墅、私人会所等。严禁占用基本农田挖塘栽树及其他毁坏种植条件的行为。严禁破坏、污染、圈占闲置耕地和损毁农田基础设施。坚决查处通过"以租代征"违法违规进行非农建设的行为,坚决禁止擅自将耕地"非农化"。利用规划和标准引导设施农业发展,强化设施农用地的用途监管。采取措施保证流转土地用于农业生产,可以通过停发粮食直接补贴、良种补贴、农资综合补贴等办法遏制撂荒耕地的行为。在粮食主产区、粮食生产功能区、高产创建项目实施区,不符合产业规划的经营行为不再享受相关农业生产扶持政策。合理引导粮田流转价格,降低粮食生产成本,稳定粮食种植面积。

四、加快培育新型农业经营主体

(十一)发挥家庭经营的基础作用。在今后相当长时期内,普通农户仍占大多数,要继续重视和扶持其发展农业生产。重点培育以家庭成员为主要劳动力、以农业为主要收入来源,从事专业化、集约化农业生产的家庭农场,使之成为引领适度规模经营、发展现代农业的有生力量。分级建立示范家庭农场名录,健全管理服务制度,加强示范引导。鼓励各地整合涉农资金建设连片高标准农田,并优先流向家庭农场、专业大户等规模经营农户。

(十二)探索新的集体经营方式。集体经济组织要积极为承包农户开展多种形式的生产服务,通过统一服务降低生产成本、提高生产效率。有条件的地方根据农民意愿,可以统一连片整理耕地,将土地折股量化、确权到户,经营所得收益按股分配,也可以引导农民以承包地入股组建土地股份合作组织,通过自营或委托经营等方式发展农业规模经营。各地要结合实际不断探索和丰富集体经营的实现形式。

(十三)加快发展农户间的合作经营。鼓励承包农户通过共同使用农业机械、开展联合营销等方式发展联户经营。鼓励发展多种形式的农民合作组织,深入推进示范社创建活动,促进农民合作社规范发展。在管理民主、运行规范、带动力强的农民合作社和供销合作社基础上,培育发展农村合作金融。引导发展农民专业合作社联合社,支持农民合作社开展农社对接。允许农民以承包经营权入股发展农业产业化经营。探索建立农户入股土地生产性能评价制度,按照耕地数量质量、参照当地土地经营权流转价格计价折股。

(十四)鼓励发展适合企业化经营的现代种养业。鼓励农业产业化龙头企业等涉农企业重点从事农产品加工流通和农业社会化服务,带动农户和农民合作社发展规模经营。引导工商资本发展良种种苗繁育、高标准设施农业、规模化养殖等适合企业化经营的现代种养业,开发农村"四荒"资源发展多种经营。支持农业企业与农户、农民合作社建立紧密的利益联结机制,实现合理分工、互利共赢。支持经济发达地区通过农业示范园区引导各类经营主体共同出资、相互持股,发展多种形式的农业混合所有制经济。

(十五)加大对新型农业经营主体的扶持力度。鼓励地方扩大对家庭农场、专业大户、农民合作社、龙头企业、农业社会化服务组织的扶持资金规模。支持符合条件的新型农业经营主体优先承担涉农项目,新增农业补贴向新型农业经营主体倾斜。加快建立财政项目资金直接投向符合条件的合作社、财政补助形成的资产转交合作社持有和管护的管理制度。各省（自治区、直辖市）根据实际情况，在年度建设用地指标中可单列一定比例专门用于新型农业经营主体建设配套辅助设施，并按规定减免相关税费。综合运用货币和财税政策工具，引导金融机构建立健全针对新型农业经营主体的信贷、保险支持机制，创新金融产品和服务，加大信贷支持力度，分散规模经营风险。鼓励符合条件的农业产业化龙头企业通过发行短期融资券、中期票据、中小企业集合票据等多种方式，拓宽融资渠道。鼓励融资担保机构为新型农业经营主体提供融资担保服务，鼓励有条件的地方通过设立融资担保专项资金、担保风险补偿基金等加大扶持力度。落实和完善相关税收优惠政策，支持农民合作社发展农产品加工流通。

（十六）加强对工商企业租赁农户承包地的监管和风险防范。各地对工商企业长时间、大面积租赁农户承包地要有明确的上限控制，建立健全资格审查、项目审核、风险保障金制度，对租地条件、经营范围和违规处罚等作出规定。工商企业租赁农户承包地要按面积实行分级备案，严格准入门槛，加强事中事后监管，防止浪费农地资源、损害农民土地权益，防范承包农户因流入方违约或经营不善遭受损失。定期对租赁土地企业的农业经营能力、土地用途和风险防范能力等开展监督检查，查验土地利用、合同履行等情况，及时查处纠正违法违规行为，对符合要求的可给予政策扶持。有关部门要抓紧制定管理办法，并加强对各地落实情况的监督检查。

五、建立健全农业社会化服务体系

（十七）培育多元社会化服务组织。巩固乡镇涉农公共服务机构基础条件建设成果。鼓励农技推广、动植物防疫、农产品质量安全监管等公共服务机构围绕发展农业适度规模经营拓展服务范围。大力培育各类经营性服务组织，积极发展良种种苗繁育、统防统治、测土配方施肥、粪污集中处理等农业生产性服务业，大力发展农产品电子商务等现代流通服务业，支持建设粮食烘干、农机场库棚和仓储物流等配套基础设施。农产品初加工和农业灌溉用电执行农业生产用电价格。鼓励以县为单位开展农业社会化服务示范创建活动。开展政府购买农业公益性服务试点,鼓励向经营性服务组织购买易监管、可量化的公益性服务。研究制定政府购买农业公益性服务的指导性目录,建立健全购买服务的标准合同、规范程序和监督机制。积极推广既不改变农户承包关系,又保证地有人种的托管服务模式,鼓励种粮大户、农机大户和农机合作社开展全程托管或主要生产环节托管,实现统一耕作,规模化生产。

(十八)开展新型职业农民教育培训。制定专门规划和政策,壮大新型职业农民队伍。整合教育培训资源,改善农业职业学校和其他学校涉农专业办学条件,加快发展农业职业教育,大力发展现代农业远程教育。实施新型职业农民培育工程,围绕主导产业开展农业技能和经营能力培训,扩大农村实用人才带头人示范培养培训规模,加大对专业大户、家庭农场经营者、农民合作社带头人、农业企业经营管理人员、农业社会化服务人员和返乡农民工的培养培训力度,把青年农民纳入国家实用人才培养计划。努力构建新型职业农民和农村实用人才培养、认定、扶持体系,建立公益性农民培养培训制度,探索建立培育新型职业农民制度。

(十九)发挥供销合作社的优势和作用。扎实推进供销合作社综合改革试点,按照改造自我、服务农民的要求,把供销合作社打造成服务农民生产生活的生力军和综合平台。利用供销合作社农资经营渠道,深化行业合作,推进技物结合,为新型农业经营主体提供服务。推动供销合作社农产品流通企业、农副产品批发市场、网络终端与新型农业经营主体对接,开展农产品生产、加工、流通服务。鼓励基层供销合作社针对农业生产重要环节,与农民签订服务协议,开展合作式、订单式服务,提高服务规模化水平。

土地问题涉及亿万农民切身利益,事关全局。各级党委和政府要充分认识引导农村土地经营权有序流转、发展农业适度规模经营的重要性、复杂性和长期性,切实加强组织领导,严格按照中央政策和国家法律法规办事,及时查处违纪违法行为。坚持从实际出发,加强调查研究,搞好分类指导,充分利用农村改革试验区、现代农业示范区等开展试点试验,认真总结基层和农民群众创造的好经验好做法。加大政策宣传力度,牢固树立政策观念,准确把握政策要求,营造良好的改革发展环境。加强农村经营管理体系建设,明确相应机构承担农村经管工作职责,确保事有人干、责有人负。各有关部门要按照职责分工,抓紧修订完善相关法律法规,建立工作指导和检查监督制度,健全齐抓共管的工作机制,引导农村土地经营权有序流转,促进农业适度规模经营健康发展。

国务院办公厅关于引导农村产权流转交易市场健康发展的意见

(2014年12月30日印发 国办发〔2014〕71号)

各省、自治区、直辖市人民政府,国务院各部委、各直属机构:

近年来,随着农村劳动力持续转移和农村改革不断深化,农户承包土地经营权、林权等各类农村产权流转交易需求明显增长,许多地方建立了多种形式的农村产权流转交易市场和服务平台,为农村产权流转交易提供了有效服务。但是,各地农村产权流转交易市场发展不平衡,其设立、运行、监管有待规范。引导农村产权流转交易市场健康发展,事关农村改革发展稳定大局,有利于保障农民和农村集体经济组织的财产权益,有利于提高农村要素资源配置和利用效率,有利于加快推进农业现代化。为此,经国务院同意,现提出以下意见。

一、总体要求

（一）指导思想。以邓小平理论、"三个代表"重要思想、科学发展观为指导，深入贯彻习近平总书记系列重要讲话精神，全面落实党的十八大和十八届三中、四中全会精神，按照党中央、国务院决策部署，以坚持和完善农村基本经营制度为前提，以保障农民和农村集体经济组织的财产权益为根本，以规范流转交易行为和完善服务功能为重点，扎实做好农村产权流转交易市场建设工作。

（二）基本原则。

——坚持公益性为主。必须坚持为农服务宗旨，突出公益性，不以盈利为目的，引导、规范和扶持农村产权流转交易市场发展，充分发挥其服务农村改革发展的重要作用。

——坚持公开公正规范。必须坚持公开透明、自主交易、公平竞争、规范有序，逐步探索形成符合农村实际和农村产权流转交易特点的市场形式、交易规则、服务方式和监管办法。

——坚持因地制宜。是否设立市场、设立什么样的市场、覆盖多大范围等，都要从各地实际出发，统筹规划、合理布局，不能搞强迫命令，不能搞行政瞎指挥。

——坚持稳步推进。充分利用和完善现有农村产权流转交易市场，在有需求、有条件的地方积极探索新的市场形式，稳妥慎重、循序渐进，不急于求成，不片面追求速度和规模。

二、定位和形式

（三）性质。农村产权流转交易市场是为各类农村产权依法流转交易提供服务的平台，包括现有的农村土地承包经营权流转服务中心、农村集体资产管理交易中心、林权管理服务中心和林业产权交易所，以及各地探索建立的其他形式农村产权流转交易市场。现阶段通过市场流转交易的农村产权包括承包到户的和农村集体统一经营管理的资源性资产、经营性资产等，以农户承包土地经营权、集体林地经营权为主，不涉及农村集体土地所有权和依法以家庭承包方式承包的集体土地承包权,具有明显的资产使用权租赁市场的特征。流转交易以服务农户、农民合作社、农村集体经济组织为主,流转交易目的以从事农业生产经营为主,具有显著的农业农村特色。流转交易行为主要发生在县、乡范围内,区域差异较大,具有鲜明的地域特点。

(四)功能。农村产权流转交易市场既要发挥信息传递、价格发现、交易中介的基本功能,又要注意发挥贴近"三农",为农户、农民合作社、农村集体经济组织等主体流转交易产权提供便利和制度保障的特殊功能。适应交易主体、目的和方式多样化的需求,不断拓展服务功能,逐步发展成集信息发布、产权交易、法律咨询、资产评估、抵押融资等为一体的为农服务综合平台。

(五)设立。农村产权流转交易市场是政府主导、服务"三农"的非盈利性机构,可以是事业法人,也可以是企业法人。设立农村产权流转交易市场,要经过科学论证,由当地政府审批。当地政府要成立由相关部门组成的农村产权流转交易监督管理委员会,承担组织协调、政策制定等方面职责,负责对市场运行进行指导和监管。

(六)构成。县、乡农村土地承包经营权和林权等流转服务平台,是现阶段农村产权流转交易市场的主要形式和重要组成部分。利用好现有的各类农村产权流转服务平台,充分发挥其植根农村、贴近农户、熟悉农情的优势,做好县、乡范围内的农村产权流转交易服务工作。现阶段市场建设应以县域为主。确有需要的地方,可以设立覆盖地(市)乃至省(区、市)地域范围的市场,承担更大范围的信息整合发布和大额流转交易。各地要加强统筹协调,理顺县、乡农村产权流转服务平台与更高层级农村产权流转交易市场的关系,可以采取多种形式合作共建,也可以实行一体化运营,推动实现资源共享、优势互补、协同发展。

(七)形式。鼓励各地探索符合农村产权流转交易实际需要的多种市场形式,既要搞好交易所式的市场建设,也要有效利用电子交易网络平台。鼓励有条件的地方整合各类流转服务平台，建立提供综合服务的市场。农村产权流转交易市场可以是独立的交易场所，也可以利用政务服务大厅等场所，形成"一个屋顶之下、多个服务窗口、多品种产权交易"的综合平台。

三、运行和监管

（八）交易品种。农村产权类别较多，权属关系复杂，承载功能多样，适用规则不同，应实行分类指导。法律没有限制的品种均可以入市流转交易，流转交易的方式、期限和流转交易后的开发利用要遵循相关法律、法规和政策。现阶段的交易品种主要包括：

1. 农户承包土地经营权。是指以家庭承包方式承包的耕地、草地、养殖水面等经营权，可以采取出租、入股等方式流转交易，流转期限由流转双方在法律规定范围内协商确定。

2. 林权。是指集体林地经营权和林木所有权、使用权，可以采取出租、转让、入股、作价出资或合作等方式流转交易，流转期限不能超过法定期限。

3. "四荒"使用权。是指农村集体所有的荒山、荒沟、荒丘、荒滩使用权。采取家庭承包方式取得的，按照农户承包土地经营权有关规定进行流转交易。以其他方式承包的，其承包经营权可以采取转让、出租、入股、抵押等方式进行流转交易。

4. 农村集体经营性资产。是指由农村集体统一经营管理的经营性资产（不含土地）的所有权或使用权，可以采取承包、租赁、出让、入股、合资、合作等方式流转交易。

5. 农业生产设施设备。是指农户、农民合作组织、农村集体和涉农企业等拥有的农业生产设施设备，可以采取转让、租赁、拍卖等方式流转交易。

6. 小型水利设施使用权。是指农户、农民合作组织、农村集体和涉农企业等拥有的小型水利设施使用权，可以采取承包、租赁、转让、抵押、股份合作等方式流转交易。

7. 农业类知识产权。是指涉农专利、商标、版权、新品种、新技术等，可以采取转让、出租、股份合作等方式流转交易。

8.其他。农村建设项目招标、产业项目招商和转让等。

（九）交易主体。凡是法律、法规和政策没有限制的法人和自然人均可以进入市场参与流转交易，具体准入条件按照相关法律、法规和政策执行。现阶段市场流转交易主体主要有农户、农民合作社、农村集体经济组织、涉农企业和其他投资者。农户拥有的产权是否入市流转交易由农户自主决定。任何组织和个人不得强迫或妨碍自主交易。一定标的额以上的农村集体资产流转必须进入市场公开交易，防止暗箱操作。农村产权流转交易市场要依法对各类市场主体的资格进行审查核实、登记备案。产权流转交易的出让方必须是产权权利人，或者受产权权利人委托的受托人。除农户宅基地使用权、农民住房财产权、农户持有的集体资产股权之外，流转交易的受让方原则上没有资格限制（外资企业和境外投资者按照有关法律、法规执行）。对工商企业进入市场流转交易，要依据相关法律、法规和政策，加强准入监管和风险防范。

（十）服务内容。农村产权流转交易市场都应提供发布交易信息、受理交易咨询和申请、协助产权查询、组织交易、出具产权流转交易鉴证书，协助办理产权变更登记和资金结算手续等基本服务；可以根据自身条件，开展资产评估、法律服务、产权经纪、项目推介、抵押融资等配套服务，还可以引入财会、法律、资产评估等中介服务组织以及银行、保险等金融机构和担保公司，为农村产权流转交易提供专业化服务。

（十一）管理制度。农村产权流转交易市场要建立健全规范的市场管理制度和交易规则，对市场运行、服务规范、中介行为、纠纷调处、收费标准等作出具体规定。实行统一规范的业务受理、信息发布、交易签约、交易中（终）止、交易（合同）鉴证、档案管理等制度，流转交易的产权应无争议，发布信息应真实、准确、完整，交易品种和方式应符合相应法律、法规和政策，交易过程应公开公正，交易服务应方便农民群众。

（十二）监督管理。农村产权流转交易监督管理委员会和市场主管部门要强化监督管理,加强定期检查和动态监测,促进交易公平,防范交易风险,确保市场规范运行。及时查处各类违法违规交易行为,严禁隐瞒信息、暗箱操作、操纵交易。耕地、林地、草地、水利设施等产权流转交易后的开发利用,不能改变用途,不能破坏农业综合生产能力,不能破坏生态功能,有关部门要加强监管。

(十三)行业自律。探索建立农村产权流转交易市场行业协会,充分发挥其推动行业发展和行业自律的积极作用。协会要推进行业规范、交易制度和服务标准建设,加强经验交流、政策咨询、人员培训等服务;增强行业自律意识,自觉维护行业形象,提升市场公信力。

四、保障措施

(十四)扶持政策。各地要稳步推进农村集体产权制度改革,扎实做好土地承包经营权、集体建设用地使用权、农户宅基地使用权、林权等确权登记颁证工作。实行市场建设和运营财政补贴等优惠政策,通过采取购买社会化服务或公益性岗位等措施,支持充分利用现代信息技术建立农村产权流转交易和管理信息网络平台,完善服务功能和手段。组织从业人员开展业务培训,积极培育市场中介服务组织,逐步提高专业化水平。

(十五)组织领导。各地要加强领导,健全工作机制,严格执行相关法律、法规和政策;从本地实际出发,根据农村产权流转交易需要,制定管理办法和实施方案。农村工作综合部门和科技、财政、国土资源、住房城乡建设、农业、水利、林业、金融等部门要密切配合,加强指导,及时研究解决工作中的困难和问题。

农业部、中央农村工作领导小组办公室、财政部、国土资源部、国务院法制办、国家档案局关于认真做好农村土地承包经营权确权登记颁证工作的意见

(2015年1月27日印发 农经发〔2015〕2号)

各省、自治区、直辖市农业(农牧、农村经济)厅(局、委、办)、财政厅、国土资源厅、法制办、档案局：

按照2015年中央1号文件和《中共中央办公厅 国务院办公厅印发〈关于引导农村土地经营权有序流转发展农业适度规模经营的意见〉的通知》(中办发〔2014〕61号)有关精神要求，现就认真做好农村土地承包经营权确权登记颁证工作提出如下意见。

一、进一步统一思想认识

以家庭承包经营为基础、统分结合的双层经营体制是我国农村的基本经营制度，近年来，各地围绕坚持和完善这一制度，按照有关法律政策要求，积极开展土地承包管理服务工作，保持了现有土地承包关系的稳定，为发展现代农业、维护农村稳定奠定了坚实的制度基础。但是，随着工业化、信息化、城镇化和农业现代化深入发展，因历史原因形成的承包地块面积不准、四至不清等问题逐渐显现，成为制约农业适度规模经营和"四化"同步发展

的突出问题，必须高度重视，认真加以解决。

农村土地承包经营权确权登记颁证是集中开展的土地承包经营权登记，是完善农村基本经营制度、保护农民土地权益、促进现代农业发展、健全农村治理体系的重要基础性工作，事关农村长远发展和亿万农民切身利益。开展这项工作，有利于强化对农民土地承包经营权的物权保护，稳定农民土地经营的预期，增加农民的财产性收入；有利于保持土地承包关系稳定，激发农村生产要素的内在活力，促进土地经营权流转，发展农业适度规模经营；有利于完善农村社会管理，妥善解决土地承包的突出问题，促进农村社会和谐稳定，推进城乡发展一体化。各地区、各部门要进一步统一思想认识，站在战略和全局的高度，把它作为全面深化农村改革的重要任务，作为一件非做不可、必须做好的大事，从农村的实际出发，深刻认识开展土地承包经营权确权登记颁证工作的重大意义，自觉把思想和行动统一到中央的决策部署上来，以高度的政治责任感和历史使命感做实做细这项工作。

二、进一步明确总体要求

开展农村土地承包经营权确权登记颁证工作，必须准确把握中央关于全面深化农村改革的精神，坚持和完善农村基本经营制度，按照保持稳定、依法规范、民主协商、因地制宜的原则，采取中央统一部署、地方全面负责的办法，积极稳妥地推进。要通过确权登记颁证，解决好承包地块面积不准、四至不清、空间位置不明、登记簿不健全等问题，为开展土地经营权流转、调处土地纠纷、完善补贴政策、进行征地补偿和抵押担保提供重要依据；要通过确权登记颁证，建立涉及土地承包经营权的设立、转让、互换、变更、抵押等内容的登记制度，确认农户对承包地的占有、使用、收益等各项权利，强化对土地承包经营权的物权保护；要通过确权登记颁证，建立健全土地承包经营权信息应用平台，实现对土地承包合同、登记簿和权属证书管理的信息化，加强土地承包经营权确权登记成果的应用，方便群众查询，利于服务管理，更好地服务于现代农业和新农村建设。

各地要按照中央要求，在稳步扩大试点的基础上，用5年左右时间基本完成土地承包经营权确权登记颁证工作。要结合当地实际,科学制定工作方案,明确时间表和路线图,先易后难,试点先行,分期分批地推进,既不能急于求成,也不要等待观望,确保进度服从质量。对一些试点工作有基础的地区,要认真总结经验,加强监督检查,抓紧健全制度,为整体推开创造条件;对一些先期已开展过确权登记颁证工作的地方,可以对照这次土地承包经营权确权登记颁证要求,本着缺什么、补什么的原则进行完善;对一些少数民族及边疆地区,可以在确保社会稳定的前提下,从当地实际出发,合理安排时间进度。

2015年继续扩大试点范围,在2014年进行3个整省和27个整县试点的基础上,再选择江苏、江西、湖北、湖南、甘肃、宁夏、吉林、贵州、河南等9个省(区)开展整省试点。其他省(区、市)根据本地情况,扩大开展以县为单位的整体试点。

三、进一步把握政策原则

开展农村土地承包经营权确权登记颁证工作,政策性、专业性强,既要解决问题,又要防止引发矛盾,必须把握好政策原则,得到群众认可,经得起历史检验。

(一)坚持稳定土地承包关系。开展土地承包经营权确权登记颁证,是对现有土地承包关系的进一步完善,不是推倒重来、打乱重分,不能借机调整或收回农户承包地。要以现有承包台账、合同、证书为依据确认承包地归属。对个别村部分群众要求调地的,按照法律法规和政策规定,慎重把握、妥善处理。对于确因自然灾害毁损等原因,需要个别调整的,应当按照法定条件和程序调整后再予确权。

(二)坚持以确权确地为主。土地承包经营权确权,要坚持确权确地为主,总体上要确地到户,从严掌握确权确股不确地的范围,坚持农地农用。对农村土地已经承包到户的,都要确权到户到地。实行确权确股不确地的条件和程序,由省级人民政府有关部门作出规定,切实保障农民土地承包权益。不得违背农民意愿,行政推动确权确股不确地,也不得简单地以少数服从多数的名义，强迫不愿确股的农民确股。

（三）坚持依法依规有序操作。按照物权法定精神，严格执行《物权法》、《农村土地承包法》、《土地管理法》等法律法规和政策规定，按照农业部制发的相关规范和标准，开展土地承包经营权调查，完善承包合同，建立登记簿，颁发权属证书，确保登记成果完整、真实、准确。对确权登记颁证中的争议，有法律政策规定的，依法依政策进行调处。对于一些疑难问题，在不违背法律政策精神的前提下，通过民主协商妥善处理。权属争议未解决的，不进行土地承包经营权确权登记颁证。加强土地承包经营权确权登记颁证成果的保密管理，保护土地承包权利人的隐私。

（四）坚持以农民群众为主体。农民群众主动参与、积极配合是搞好土地承包经营权确权登记颁证的关键。要做深入细致的宣传、动员和解释工作，让农民充分了解确权登记颁证工作的目的、意义、作用和程序要求，充分发挥农民群众的主体作用，变"要我确权"为"我要确权"。特别要注意组织老党员、老干部参与确权登记颁证工作，充分发挥他们熟悉情况、调解纷争的积极作用。村组集体的土地承包经营权确权登记颁证方案，要在本集体成员内部充分讨论，达成一致，切实做到农民的事让农民自己做主。承包地块面积、四至等表格材料要经过农户签字认可。对于外出不在家的农户，要采取多种方式及时通知到户到人，充分保障其知情权、选择权、决策权。

（五）坚持进度服从质量。土地承包经营权确权登记颁证是长久大计，不能怕麻烦、图省事，必须做细做实，确保质量。各地要根据实际，统筹安排资源，科学把握进度，分期分批，积极稳妥推进。先抓好试点，及时发现问题，找到解决办法，然后在总结经验的基础上逐步扩大范围，不搞齐步走，不强求百分之百。要实行全程质量控制，把握关键环节，守好质量关口。

（六）坚持实行地方分级负责。按照中央要求，地方各级尤其是县乡两级对本行政区域内的土地承包经营权确权登记颁证工作全面负责。要强化属地管理，层层落实责任。省级主要承担组织领导责任；地市级主要承担组织协调责任；县乡两级主要承担组织实施责任，是开展土地承包经营权确权登记颁证工作的关键主体,领导要亲自挂帅、精心组织、全面落实。

四、进一步抓好重点任务

开展农村土地承包经营权确权登记颁证,核心是确权,重点在登记,关键在权属调查,各地要从实际出发,一个环节一个环节地做好工作。

(一)开展土地承包档案资料清查。依据农村土地所有权确权登记发证材料、土地承包方案、承包台账、承包合同、承包经营权证书等相关权属档案资料进行清查整理、组卷,按要求进行补建、修复和保全,摸清承包地现状,查清承包地块的名称、坐落、面积、四至、用途、流转等原始记载;摸清农户家庭承包状况,收集、整理、核对承包方代表、家庭成员及其变动等信息。有条件的地方,可以把档案清查、整理与土地承包管理信息化结合起来,推进土地承包原始档案管理数字化。

(二)开展土地承包经营权调查。对农村集体耕地开展土地承包经营权调查,查清承包地权利归属。重点是做好发包方、承包方和承包地块调查,如实准确填写发包方调查表、承包方调查表、承包地块调查表,制作调查结果公示表和权属归户表。以农村集体土地所有权确权登记结果为基础,以第二次全国土地调查成果为依据,充分利用现有的图件、影像等数据,绘制工作底图、调查草图,采用符合标准规范、农民群众认可的技术方法,查清农户承包地块的面积、四至、空间位置,制作承包地块分布图。调查成果经审核公示确认,作为土地承包经营权确权的现实依据。对公示内容有异议的,进行补测核实。

(三)完善土地承包合同。根据公示确认的调查成果,完善土地承包合同,作为承包户取得土地承包经营权的法定依据。对没有签订土地承包合同的,要重新签订承包合同;对承包合同丢失、残缺的,进行补签、完善。实际承包面积与原土地承包合同、权属证书记载面积不一致的,要根据本集体通过的土地承包经营权确权登记颁证方案进行确权。属于原承包地块四至范围内的,原则上应确权给原承包农户。未经本集体成员协商同意,不得将承包方多出的承包面积转为其他方式承包并收取承包费。土地承包合同记载期限应以当地统一组织二轮延包的时点起算,承包期为30年,本轮土地承包期限届满,按届时的法律和保持现有土地承包关系稳定并长久不变的政策规定执行。

(四)建立健全登记簿。根据这次确权登记颁证完善后的承包合同,以承包农户为基本单位,按照一户一簿原则,明确每块承包地的范围、面积及权利归属,由县级人民政府农村经营管理机构建立健全统一规范的土地承包经营权登记簿,作为今后不动产统一登记的基础依据。登记簿应当记载发包方、承包方的姓名、地址,承包共有人,承包方式,承包地块的面积、坐落、界址、编码、用途、权属、地类及是否基本农田,承包合同编号、成立时间、期限,权利的内容及变化等。已经建立登记簿的,补充完善相关登记信息;未建立的,要抓紧建立。承包农户自愿提出变更、注销登记申请的,经核实确认后,予以变更或注销,并在登记簿中注明。

(五)颁发土地承包经营权证书。根据完善后的土地承包合同和建立健全的土地承包经营权登记簿,在确保信息准确无误、责任权利明确的基础上,按规定程序和修订后的土地承包经营权证书样本,向承包方颁发土地承包经营权证书,原已发的土地承包经营权权属证书收回销毁。承包经营权证书载明的户主或共有人,要体现男女平等的原则,切实保护妇女土地承包权益。实行确权确股不确地的,也要向承包方颁发土地承包经营权证书,并注明确权方式为确权确股;承包方有意愿要求的,发包方可以向承包方颁发农村集体的土地股权证。为与不动产统一登记工作衔接,今后可按照"不变不换"的原则,承包农户可以自愿申请、免费换取与不动产统一登记相衔接的证书,避免工作重复和资金浪费。抓紧研究制定统一的不动产登记簿册和权属证书办法,在条件具备时实施。

(六)推进信息应用平台建设。充分利用现有资源,完善、建立中央与地方互联互通的土地承包经营权信息应用平台,并以县级为单位建立土地承包经营权确权登记颁证数据库和土地承包经营权登记业务系统,实现土地承包合同管理、权属登记、经营权流转和纠纷调处等业务工作的信息化,避免重复建设和各自为政。以县级土地承包经营权确权登记结果和现有资源为基础，逐级汇总、完善、建立中央和省、地、县四级土地承包经营权确权登记颁证数据汇总和动态管理制度。研究制定土地承包经营权登记业务系统与不动产登记信息平台的数据交换协议，与不动产登记信息平台实现信息共享。

（七）建立健全档案管理制度。土地承包经营权确权登记颁证过程中形成的文字、图表、声像、数据等文件材料，是对国家、社会有保存价值的重要凭证和历史记录。各地要按照农业部、国家档案局制发的《农村土地承包经营权确权登记颁证档案管理办法》，坚持统一领导、分级实施、分类管理、集中保管的原则，认真做好土地承包经营权确权档案的收集、整理、鉴定、保管、编研和利用等工作。档案管理工作应当与土地承包经营权确权登记颁证工作同步部署、实施、检查和验收，做到组织有序、种类齐全、保管安全，确保管有人、存有地、查有序。

五、进一步加强组织领导

农村土地承包经营权确权登记颁证事关重大，各地要强化组织领导，确保各项工作稳步推进，把好事办好。

（一）健全工作机制。各地要按照中央要求，建立健全党委政府统一领导、部门分工协作、群众广泛参与的工作机制，统筹协调，合力推进。各有关部门要按照当地党委政府的任务分工，认真履行好职责。农业部门承担牵头职责，负责综合协调、组织实施和工作指导；财政部门负责根据实际需要统筹安排相关资金，加强资金监管；国土资源部门负责免费提供最新的全国土地调查和农村集体土地所有权确权登记等成果，并配合做好土地承包经营权确权登记颁证与不动产登记工作的有效衔接；农村工作综合部门负责研究有关政策；法制工作部门负责研究完善有关法律法规；档案部门负责指导土地承包档案管理。要加强村组土地承包经营权确权登记颁证工作的组织领导，切实发挥农村基层党组织、村委会和农村集体经济组织的职能作用，动员和组织广大农民群众积极参与到土地承包经营权确权登记颁证工作中。

（二）加大宣传培训。采取多种形式，利用各种媒介，生动形象地开展宣传活动，引导和营造稳步推进土地承包经营权确权登记颁证工作的良好舆论氛围和工作环境。根据当地实际，编印土地承包经营权确权登记颁证的明白纸、宣传册，解读政策，澄清疑惑，明确要求。创新宣传方式方法，把贴标语、刷宣传栏、写公开信等传统手段与电视、电话、广播、网络等现代手段相结合，融合群众喜闻乐见的现场解答、戏曲表演等手段，扩大宣传范围，提高宣传效果。加强培训，形成具有专业素质的政策指导队伍、现场操作队伍。要制订培训计划，编印培训教材，培养师资，分层次、分对象开展培训。创新培训方式，把专家讲解和现场教学有机结合，提高培训的针对性和实用性，确保广大基层干部和相关技术人员得到必要的培训。

（三）严格资金管理。土地承包经营权确权登记颁证工作经费纳入地方财政预算，中央财政给予补助。各地要切实强化土地承包经营权确权登记颁证工作经费管理，严格执行预算法律法规及财政资金管理规定，努力降低工作成本，确保资金使用安全、高效。

（四）探索创新解决问题的方式方法。鼓励各地从实际出发，探索解决土地承包经营权确权登记颁证工作遇到的困难和问题。深入基层，深入群众，深入实际，开展调查研究，及时掌握和反映土地承包经营权确权登记颁证工作出现的新情况、新问题。认真总结试点中各地创造的好做法、好经验，加强交流学习，更好地指导面上工作。对于苗头性、倾向性和具有共性的问题，要在深入研究和广泛论证的基础上，提出政策建议，涉及全国性的重大政策要及时请示。对局部性的问题，鼓励各地按照"一村一策"或"一事一议"的办法，通过实行差异化、区别性的措施予以解决。具体到一个村，要注意依靠群众，用群众接受的办法解决问题。

（五）强化监督检查。建立健全土地承包经营权确权登记颁证工作情况报告、监督检查和成果验收制度。认真执行土地承包经营权确权登记颁证工作进展情况定期上报规定，定期通报各地工作进展情况。加强检查监督和情况调度,及时掌握工作进展情况,对发现的问题及时提出处理意见。研究制定土地承包经营权确权登记颁证成果验收办法。土地承包经营权确权登记颁证任务完成后,原则上由县级组织自查,地市级组织核查,省级组织验收,具体由各省确定。全国将适时组织抽查,工作整体完成后向党中央、国务院报告。

各省(区、市)要按照本意见的要求制定具体的实施方案,并报农业部备案。工作中遇到的困难和问题及时报告。

农业部、中央农办、国土资源部、国家工商总局关于加强对工商资本租赁农地监管和风险防范的意见

(2015年4月14日印发 农经发〔2015〕3号)

各省、自治区、直辖市农业(农牧、农村经济)厅(局、委、办)、国土资源厅、工商局:

按照中共中央、国务院《关于加大改革创新力度加快农业现代化建设的若干意见》(中发〔2015〕1号)和中共中央办公厅、国务院办公厅《关于引导农村土地经营权有序流转发展农业适度规模经营的意见》(中办发〔2014〕61号)要求,现就加强对工商资本(指工商业者投入的资本)租赁农地(指农户承包耕地)监管和风险防范提出以下意见。

农业部、中央农办、国土资源部、国家工商总局关于加强对工商资本租赁农地监管和风险防范的意见

一、充分认识加强工商资本租赁农地监管和风险防范的重要性

近年来，在农村土地流转中，工商资本下乡租赁农地呈加快发展态势。一方面，工商资本进入农业，可以带来资金、技术和先进经营模式，加快传统农业改造和现代农业建设；但另一方面，工商资本长时间、大面积租赁农地，容易挤占农民就业空间，加剧耕地"非粮化""非农化"倾向，存在不少风险隐患。中央对此高度重视，明确要求在农村土地流转中不能搞大跃进，不能搞强迫命令，不能搞行政瞎指挥；强调对工商资本租赁农地要有严格的门槛，租赁的耕地只能搞农业，不能改变用途；要求坚持土地公有制性质不改变、耕地红线不突破、农民利益不受损三条底线，让农民成为土地流转和规模经营的积极参与者和真正受益者。

各地要原原本本贯彻落实党中央确定的方针政策，准确把握对工商资本进入农业鼓励什么、限制什么、禁止什么的政策界限。在土地流转中，既要加大政策扶持力度，鼓励创新农业经营体制机制，又要因地制宜，循序渐进。坚持以保障国家粮食安全、促进农业增效和农民增收为目标；坚持依法自愿有偿，尊重农民主体地位，发挥市场配置功能，强化政府扶持引导；坚持经营规模适度和农地农用，避免片面追求超大规模经营。要加强工商资本租赁农地监管和风险防范，对工商资本租赁农地实行分级备案，严格准入门槛，探索建立程序规范、便民高效的工商资本租赁农地资格审查、项目审核制度，健全多方参与、管理规范的风险保障金制度。加强事中事后监管，防止出现一些工商资本到农村流转土地后搞非农建设、影响耕地保护和粮食生产等问题，确保不损害农民权益、不改变土地用途、不破坏农业综合生产能力和农业生态环境。

二、引导工商资本到农村发展适合企业化经营的现代种养业

对工商资本进入农业，主要是鼓励其根据当地资源禀赋、产业特征，重点发展资本、技术密集型产业，从事农产品加工流通和农业社会化服务，把产业链、价值链、供应链等现代经营理念和产业组织方式引入农业，推动传统农业加速向现代农业转型升级，优化要素资源配置，促进一二三产业融合

发展。鼓励工商资本发展良种种苗繁育、高标准设施农业、规模化养殖等适合企业化经营的现代种养业，开发农村"四荒"资源发展多种经营，投资开展土地整治和高标准农田建设。引导工商资本增强社会责任，鼓励开展农业环境治理和生态修复，在生产发展中切实保护耕地等农业资源，严禁占用基本农田挖塘栽树及其他毁坏种植条件的行为。

工商资本进入农业，应通过利益联结、优先吸纳当地农民就业等多种途径带动农民共同致富，不排斥农民，不代替农民。鼓励"公司+农户"共同发展，支持农业企业通过签订订单合同、领办创办农民合作社、提供土地托管服务等方式，带动种养大户、家庭农场等新型农业经营主体发展农业产业化经营，实现合理分工、互利共赢，让农民更多地分享产业增值收益。

三、加强工商资本租赁农地规范管理

对工商资本以企业、组织或个人等形式租赁农地的行为要加强规范管理。各地要按照中央关于对工商资本长时间、大面积租赁农户承包地要有明确上限控制的要求，制定相应控制标准。对租赁期限，应视项目实施情况合理确定，可以采取分期租赁的办法，但一律不得超过二轮承包剩余时间；对租赁面积，由各地综合考虑人均耕地状况、城镇化进程和农村劳动力转移规模、农业科技进步和生产手段改进程度、农业社会化服务水平等因素确定。既可以确定本行政区域内工商资本租赁农地面积占承包耕地总面积比例上限，也可以确定单个企业（组织或个人）租赁农地面积上限。首次租赁面积一律不得超过本级规定的规模上限；确有良好经营业绩的，经批准可进一步扩大租赁规模。

要按照工商资本租地面积的多少，以乡镇、县(市)为主建立农村土地经营权流转分级备案制度。备案事项应包括农地租赁合同、农地使用情况等内容。对租赁农地超过当地上限控制标准或者涉及整村整组流转的，要作为备案重点，提出明确要求。对租地超过县级备案标准的，应在市(地)一级备案，超大规模的应在省一级备案。要通过备案审查准确掌握工商资本租地情况，以利更好实施监督。

鼓励各地依法探索建立工商资本租赁农地资格审查、项目审核制度。可通过建立职能部门、农村集体经济组织代表、农民代表、农业专家等多方参与的农地流转审查监督机制，采取书面报告和现场查看等方式，对租赁农地企业（组织或个人）的主体资质、农业经营能力、经营项目、土地用途、风险防范，以及是否符合当地产业布局和现代农业发展规划等事项进行审查审核，并在规定时限内提出审查审核意见。符合审查审核条件的，可以享受相关产业扶持政策和优惠措施；不符合相应条件的，不得享受相关产业扶持政策和优惠措施；与国家法律政策相抵触的，要进行限制或禁止。为稳定发展粮食生产，对企业（组织或个人）租赁农地发展粮食规模化生产的可适当放宽条件；对在粮食主产区、粮食生产功能区、高产创建项目实施区、全国新增1000亿斤粮食生产能力规范实施区租赁农地的，要采取有效措施防止"非粮化"。

四、健全工商资本租赁农地风险防范机制

坚持以保障承包农户合法权益为核心，加强风险防范。工商资本租赁农地应通过公开市场规范进行。鼓励各地加快发展多种形式的土地经营权流转市场，建立健全市场运行规范，明确交易原则、交易内容、交易方式、交易程序、监督管理及相关责任等事项。严禁工商资本借政府或基层组织通过下指标、定任务等方式强迫农户流转农地，凡是整村整组流转的，必须经全体农户书面委托，不能以少数服从多数的名义，将农户承包地集中对外招商经营，防止强迫命令，搞一刀切，防止少数基层干部私相授受，谋取私利。对工商资本租赁农地，要指导其与农户签订规范的流转合同。流转合同中应明确土地流转用途、风险保障、土地复垦、能否抵押担保和再流转，以及违约责任等事项。加强流转合同的履约监督，建立健全纠纷调解仲裁体系，引导流转双方依法依规解决流转矛盾。

工商资本租赁农地应先付租金、后用地。各地可按照流入方缴纳为主、政府适当补助的原则，建立健全租赁农地风险保障金制度，用于防范承包农户权益受损。租地企业（组织或个人）可以按一定时限或按一定比例缴纳风险保障金。租赁合同期满租赁者无违约行为的,应当及时予以退还。抓紧研究制定租赁农地风险保障金使用管理办法,有条件的地方可以探索与开展农业保险、担保相结合,提高风险保障能力。

五、强化工商资本租赁农地事中事后监管

坚持最严格的耕地保护制度,切实保护基本农田,切实保障农地农用。租地企业(组织或个人)要严格按照合同约定在租赁农地上直接从事农业生产经营,未经承包农户同意,不得转租。要指导租地企业(组织或个人)合理使用化肥、农药等投入品,防止出现掠夺性经营,确保耕地质量等级不下降。

各地要强化租赁农地的用途管制,采取坚决措施严禁耕地"非农化"。对租赁农地经营、项目实施、风险防范等情况要定期开展监督检查,探索利用网络、遥感等现代科技手段实施动态监测,及时纠正查处违法违规行为。对撂荒耕地的,可以停发粮食直接补贴、良种补贴、农资综合补贴。对在粮食主产区、粮食生产功能区、高产创建项目实施区、全国新增1000亿斤粮食生产能力规范实施区违反产业规划的,停止享受相关农业生产扶持政策。对失信租赁农地企业要通过企业信用信息公示系统向社会公示,并启动联合惩戒机制。特别对擅自改变农业用途、严重破坏或污染租赁农地等违法违规行为,一经发现,责令限期整改,并依法追究相关责任。鼓励和支持农村集体经济组织和承包农户对租赁农地利用情况进行监督。对违反合同约定的,流出农户和农村集体经济组织可依法解除农地租赁合同,并要求赔偿。

六、切实加强组织领导

引导农村土地经营权有序流转,加强工商资本租赁农地规范管理,事关广大农民切身利益、农村社会稳定和国家粮食安全,各地要高度重视,强化组织领导,各有关部门要各司其职,协作配合,制定和落实相关政策措施。农业部门要认真做好土地流转日常管理和服务工作,发现违反法律政策规定的,应及时通报有关部门并联合查处;国土部门要重点加强对租赁农地"农转非"情况的监管,及时查处违法违规行为;工商行政管理部门负责通过企业信用信息公示系统向社会公开租赁农地企业的基本信息;有关部门要按照政策要求配合实施相关产业扶持政策和优惠措施。要建立部门责任追究制,确保事有人干、责有人担。

文件下发后,各地要结合实际抓紧制定实施办法,及时组织力量对工商资本租赁农地进行全面核查,依法进行规范。对已超出当地上限标准的,在不影响农业生产的情况下,可按照合同约定继续履行,合同到期后按照新的规定进行调整;对违法改变农地用途搞非农建设的,要组织力量立即查处;对违约拖欠农户租金的,要督促企业(组织或个人)尽快清偿。各地要及时总结典型经验,加大舆论宣传监督力度,更好规范工商资本租赁农地行为,引导农村土地经营权健康有序流转。

国务院关于开展农村承包土地的经营权和农民住房财产权抵押贷款试点的指导意见

(2015年8月10日印发 国发〔2015〕45号)

各省、自治区、直辖市人民政府,国务院各部委、各直属机构:

为进一步深化农村金融改革创新,加大对"三农"的金融支持力度,引导农村土地经营权有序流转,慎重稳妥推进农民住房财产权抵押、担保、转让试点,做好农村承包土地(指耕地)的经营权和农民住房财产权(以下统称

"两权")抵押贷款试点工作,现提出以下意见。

一、总体要求

(一)指导思想。

全面贯彻党的十八大和十八届三中、四中全会精神,深入落实党中央、国务院决策部署,按照所有权、承包权、经营权三权分置和经营权流转有关要求,以落实农村土地的用益物权、赋予农民更多财产权利为出发点,深化农村金融改革创新,稳妥有序开展"两权"抵押贷款业务,有效盘活农村资源、资金、资产,增加农业生产中长期和规模化经营的资金投入,为稳步推进农村土地制度改革提供经验和模式,促进农民增收致富和农业现代化加快发展。

(二)基本原则。

一是依法有序。"两权"抵押贷款试点要坚持于法有据,遵守土地管理法、城市房地产管理法等有关法律法规和政策要求,先在批准范围内开展,待试点积累经验后再稳步推广。涉及被突破的相关法律条款,应提请全国人大常委会授权在试点地区暂停执行。

二是自主自愿。切实尊重农民意愿,"两权"抵押贷款由农户等农业经营主体自愿申请,确保农民群众成为真正的知情者、参与者和受益者。流转土地的经营权抵押需经承包农户同意,抵押仅限于流转期内的收益。金融机构要在财务可持续基础上,按照有关规定自主开展"两权"抵押贷款业务。

三是稳妥推进。在维护农民合法权益前提下,妥善处理好农民、农村集体经济组织、金融机构、政府之间的关系,慎重稳妥推进农村承包土地的经营权抵押贷款试点和农民住房财产权抵押、担保、转让试点工作。

四是风险可控。坚守土地公有制性质不改变、耕地红线不突破、农民利益不受损的底线。完善试点地区确权登记颁证、流转平台搭建、风险补偿和抵押物处置机制等配套政策,防范、控制和化解风险,确保试点工作顺利平稳实施。

二、试点任务

（一）赋予"两权"抵押融资功能，维护农民土地权益。在防范风险、遵守有关法律法规和农村土地制度改革等政策基础上，稳妥有序开展"两权"抵押贷款试点。加强制度建设，引导和督促金融机构始终把维护好、实现好、发展好农民土地权益作为改革试点的出发点和落脚点，落实"两权"抵押融资功能，明确贷款对象、贷款用途、产品设计、抵押价值评估、抵押物处置等业务要点，盘活农民土地用益物权的财产属性，加大金融对"三农"的支持力度。

（二）推进农村金融产品和服务方式创新，加强农村金融服务。金融机构要结合"两权"的权能属性，在贷款利率、期限、额度、担保、风险控制等方面加大创新支持力度，简化贷款管理流程，扎实推进"两权"抵押贷款业务，切实满足农户等农业经营主体对金融服务的有效需求。鼓励金融机构在农村承包土地的经营权剩余使用期限内发放中长期贷款，有效增加农业生产的中长期信贷投入。鼓励对经营规模适度的农业经营主体发放贷款。

（三）建立抵押物处置机制，做好风险保障。因借款人不履行到期债务或者发生当事人约定的情形需要实现抵押权时，允许金融机构在保证农户承包权和基本住房权利前提下，依法采取多种方式处置抵押物。完善抵押物处置措施，确保当借款人不履行到期债务或者发生当事人约定的情形时，承贷银行能顺利实现抵押权。农民住房财产权（含宅基地使用权）抵押贷款的抵押物处置应与商品住房制定差别化规定。探索农民住房财产权抵押担保中宅基地权益的实现方式和途径，保障抵押权人合法权益。对农民住房财产权抵押贷款的抵押物处置，受让人原则上应限制在相关法律法规和国务院规定的范围内。

（四）完善配套措施，提供基础支撑。试点地区要加快推进农村土地承包经营权、宅基地使用权和农民住房所有权确权登记颁证，探索对通过流转取得的农村承包土地的经营权进行确权登记颁证。农民住房财产权设立抵押的,需将宅基地使用权与住房所有权一并抵押。按照党中央、国务院确定的宅基地制度改革试点工作部署,探索建立宅基地使用权有偿转让机制。依托相关主管部门建立完善多级联网的农村土地产权交易平台,建立"两权"抵押、流转、评估的专业化服务机制,支持以各种合法方式流转的农村承包土地的经营权用于抵押。建立健全农村信用体系,有效调动和增强金融机构支农的积极性。

(五)加大扶持和协调配合力度,增强试点效果。人民银行要支持金融机构积极稳妥参与试点,对符合条件的农村金融机构加大支农再贷款支持力度。银行业监督管理机构要研究差异化监管政策,合理确定资本充足率、贷款分类等方面的计算规则和激励政策,支持金融机构开展"两权"抵押贷款业务。试点地区要结合实际,采取利息补贴、发展政府支持的担保公司、利用农村土地产权交易平台提供担保、设立风险补偿基金等方式,建立"两权"抵押贷款风险缓释及补偿机制。保险监督管理机构要进一步完善农业保险制度,大力推进农业保险和农民住房保险工作,扩大保险覆盖范围,充分发挥保险的风险保障作用。

三、组织实施

(一)加强组织领导。人民银行会同中央农办、发展改革委、财政部、国土资源部、住房城乡建设部、农业部、税务总局、林业局、法制办、银监会、保监会等单位,按职责分工成立农村承包土地的经营权抵押贷款试点工作指导小组和农民住房财产权抵押贷款试点工作指导小组(以下统称指导小组),切实落实党中央、国务院对"两权"抵押贷款试点工作的各项要求,按照本意见指导地方人民政府开展试点,并做好专项统计、跟踪指导、评估总结等相关工作。指导小组办公室设在人民银行。

(二)选择试点地区。"两权"抵押贷款试点以县(市、区)行政区域为单位。农村承包土地的经营权抵押贷款试点主要在农村改革试验区、现代农业示范区等农村土地经营权流转较好的地区开展;农民住房财产权抵押贷款试点原则上选择国土资源部牵头确定的宅基地制度改革试点地区开展。

省级人民政府按照封闭运行、风险可控原则向指导小组办公室推荐试点县（市、区），经指导小组审定后开展试点。各省（区、市）可根据当地实际，分别或同时申请开展农村承包土地的经营权抵押贷款试点和农民住房财产权抵押贷款试点。

（三）严格试点条件。"两权"抵押贷款试点地区应满足以下条件：一是农村土地承包经营权、宅基地使用权和农民住房所有权确权登记颁证率高，农村产权流转交易市场健全，交易行为公开规范，具备较好基础和支撑条件；二是农户土地流转意愿较强，农业适度规模经营势头良好，具备规模经济效益；三是农村信用环境较好，配套政策较为健全。

（四）规范试点运行。人民银行、银监会会同相关单位，根据本意见出台农村承包土地的经营权抵押贷款试点管理办法和农民住房财产权抵押贷款试点管理办法。银行业金融机构根据本意见和金融管理部门制定的"两权"抵押贷款试点管理办法，建立相应的信贷管理制度并制定实施细则。试点地区成立试点工作小组，严格落实试点条件，制定具体实施意见、支持政策，经省级人民政府审核后，送指导小组备案。集体林地经营权抵押贷款和草地经营权抵押贷款业务可参照本意见执行。

（五）做好评估总结。认真总结试点经验，及时提出制定修改相关法律法规、政策的建议，加快推动修改完善相关法律法规。人民银行牵头负责对试点工作进行跟踪、监督和指导，开展年度评估。试点县（市、区）应提交总结报告和政策建议，由省级人民政府送指导小组。指导小组形成全国试点工作报告，提出相关政策建议。全部试点工作于2017年底前完成。

（六）取得法律授权。试点涉及突破《中华人民共和国物权法》第一百八十四条、《中华人民共和国担保法》第三十七条等相关法律条款，由国务院按程序提请全国人大常委会授权，允许试点地区在试点期间暂停执行相关法律条款。

农业部、财政部、国土资源部、国家测绘地理信息局关于进一步做好农村土地承包经营权确权登记颁证有关工作的通知

(2016年4月18日印发 农经发〔2016〕4号)

各省、自治区、直辖市农业(农牧、农村经济)厅(局、委)、财政厅(局)、国土资源厅(局)、测绘地理信息行政主管部门:

按照2016年中央1号文件有关精神要求,现就进一步做好农村土地承包经营权确权登记颁证有关工作通知如下。

一、加快工作进度,抓好任务落实

各地要倒排时间表,在保证质量的前提下抓紧工作进度,积极稳妥推进试点,确保到2018年底,除一些少数民族及边疆地区外,基本完成确权登记颁证工作。试点工作进展较慢的地区,要抓紧查找问题,尽快修订方案计划,加大工作力度,强化督导落实,确保按时保质完成试点任务;进展较快的地区,要组织开展好"回头看",确保进度服从质量;基本完成的地区,要抓紧健全土地承包经营权确权登记颁证制度,做好变更登记等日常管理服务工作。

二、严守工作程序,确保工作质量

各地要把保证质量作为确权工作重中之重,按照法律政策规定和技术

标准要求,严格遵循准备工作、权属调查、纠纷调处、审核公示、完善合同、建立健全数据库和信息系统、建立登记簿、颁发证书、资料归档等程序,扎实做好各个环节的工作,确保图形、簿证记载的面积、坐落、界址与实地相符,确保承包合同、登记簿、证书记载的确权信息真实准确完整一致,符合标准规范,得到农民群众认可、经得起历史检验。要把握好现场指界、审核公示、签字确认等关键节点,留存有关视频、照片等证明材料,杜绝假公示、假签字等弄虚作假行为,严禁减少必要的实地指界、测量等环节,防止简单以图定界、以面积定界。

三、规范采购行为,加强管理服务

各地要加强对试点地区确权登记颁证有关服务采购工作的指导管理。严格执行《政府采购法》等法律和有关规定,规范权属调查测绘、数据建库等采购行为,确保公开、公平、公正。应由基层政府承担的宣传培训、成果审核、监督检查等工作,不得外包给技术服务单位独立承担。参与权属调查测绘项目竞标的单位,原则上需具备乙级以上相关专业测绘资质。不提倡采用最低评标价法确定测绘单位,不得低于成本价采购,不得违法收取中标、成交单位有关费用,不得恶意拖欠中标、成交单位项目经费。加强对中标、成交单位的事中事后监管督查,查处违法转包分包行为,对恶意拖延进度、影响任务安排或成果不符合质量要求的,要依法依规处理。

四、严格权属调查,保证信息准确

各地要依据《农村土地承包经营权调查规程》等技术标准,规范开展方案制定、权属调查、审核公示、勘误修正等工作,查清每个承包地块的坐落、界址、面积和权利归属,形成代码统一、内容完备、信息准确的调查成果,为土地承包经营权确权登记提供依据。充分利用卫星导航定位基准站等测绘基准设施,提高界址点测定、工作底图制作等成果的精确性,避免出现关键界址记录不清、坐标测量不准、面积计算不实等问题。测绘地理信息部门要积极配合农业部门做好相关技术支持,协助做好技术设计、影像纠正、底图检测和成果检验等工作,提供已有地理信息成果,保证信息准确权威,并合理利用确权成果更新地理信息,共同推进信息资源的共建共享。

五、强化过程督查,做好成果验收

各地要抓紧建立健全确权登记颁证过程监督检查机制。通过组织开展专项检查、抽样调查、实地核查或委托第三方评估等方式,认真查看工作程序是否规范、成果是否符合标准、数据库建设是否符合要求、档案资料是否真实完整、农民群众是否满意。要参照《农村土地承包经营权确权登记颁证成果检查验收办法(试行)》等规定,健全成果验收制度,督促市县扎实做好自查、核查,认真组织做好验收工作。要结合实际,科学制定验收方案,分期分批地开展成果验收,做到成熟一批验收一批。除一些少数民族及边疆地区外,所有县级行政区已验收合格、面积不准、四至不清等问题已妥善解决、土地承包经营权确权登记制度建立健全、信息应用平台已上线试运行的省份,要适时就完成情况向中央作出报告。

六、加快数据库建设,保障成果汇交

各地要参照《农村土地承包经营权确权登记数据库规范》等技术标准,以县级行政区为基本单元,扎实做好确权登记数据库完善或建设。要严把数据质量关口,做好县级数据入库合库前后的质量检查,确保确权登记数据真实完整、格式规范、空间参考一致、属性关联关系正确。同一县级行政区域内分标段开展权属调查、数据建库等工作的,应明确数据库建设牵头技术单位。基本完成试点任务的地区,要加强对本辖区确权数据质量的监督检查,纠正错误数据、补充缺失内容、杜绝相邻区域确权成果交错、重叠等问题。确权工作通过验收后,要参照《农村土地承包经营权确权登记数据库成果汇交办法(试行)》等规定,及时逐级汇交确权登记数据,为国家确权登记数据汇总和信息应用平台上线运行提供数据保障。

七、严守保密规定,保障数据安全

土地承包经营权确权登记颁证过程中涉及国家秘密的资料和数据,必须严格按照国家有关保密规定进行管理,确保不发生失密、泄密问题。要增强安全保密意识,健全内部管理监督制度,落实工作责任制,强化对涉密人员、涉密计算机和信息系统、涉密介质和资料成果使用的管理,确保涉密地理空间信息以及农户身份数据的安全。涉及军事禁区、军事管理区的农村土地承包经营权调查,要主动与当地驻军联系;未经军事主管部门批准许可,一律不得在相关区域开展权属调查。涉密数据资料必须在涉密计算机或涉密存储介质中进行存储或处理。确权登记颁证过程中所获得或使用的数据资料不得擅自对外公开,确因工作需要对外公开的,要进行保密审查、脱密处理。未经批准,不得将相关资料和数据对外移交和商业化服务。

八、强化资金保障,规范资金使用

各地要严格遵守预算法律法规和财政资金管理规定,强化专项经费使用管理,提高资金使用效益,严禁挤占、挪用、截留补助资金,确保合法合规、专款专用。要将农村土地承包经营权确权登记颁证工作经费纳入地方预算,按照《中央财政农村土地承包经营权确权登记颁证补助资金管理办法》的规定,及时将中央财政补助资金拨付到位。对于外包给社会力量承担的有关工作,各地要根据工作进度和质量情况,按照合同约定及时支付相关款项、返还保证金,避免资金支付不到位影响工作质量和进度。要加大对补助资金的内部审计、财务监督力度,发现贪污、挪用补助经费的,依法严肃处理。

九、积极探索创新,拓展成果应用

在充分尊重农民意愿的前提下,各地可结合土地承包经营权确权登记颁证,通过互换并地、按户连片种植解决地块细碎化问题,促进适度规模经营发展。基本完成确权登记颁证的地方,要推进成果在土地经营权流转、抵押担保以及涉农政策扶持等方面的应用,结合实际情况探索成果在新型农业经营主体发展、农业保险、农业规划、生态保护治理、农田基础设施建设等方面的应用。有条件的地方,可以充分利用确权成果,开展土地承包经营权自愿有偿退出试点,深入挖掘成果在发展现代农业、建设美丽乡村等方面的应用潜力,推动确权红利不断释放,实现确权经济效益和社会效益最大化。

十、妥善解决纠纷,维护农村稳定

要注重对试点地区全局性、倾向性问题的预判和调查,加强对局部地区重大问题的研究,制定解决相关纠纷问题的指导意见。矛盾纠纷集中、问题突出的地区要制定相应的应急处置预案和措施。要依法规范开展农村土地承包经营纠纷调解仲裁工作,积极发挥乡村调解、县市仲裁、司法保障的作用,引导当事人依法理性地反映和解决土地承包经营纠纷。要注重发挥农民群众和乡村干部的主体作用,充分依托协商、调解、仲裁和诉讼等渠道,妥善将各类矛盾纠纷化解在基层。

各省(区、市)要按照本通知的要求,结合地方实际,研究制定相应的政策和措施。

中共中央办公厅、国务院办公厅关于完善农村土地所有权承包权经营权分置办法的意见

(2016年10月30日印发)

为进一步健全农村土地产权制度,推动新型工业化、信息化、城镇化、农业现代化同步发展,现就完善农村土地所有权、承包权、经营权分置(以下简称"三权分置")办法提出以下意见。

中共中央办公厅、国务院办公厅关于完善农村土地所有权承包权经营权分置办法的意见

一、重要意义

改革开放之初,在农村实行家庭联产承包责任制,将土地所有权和承包经营权分设,所有权归集体,承包经营权归农户,极大地调动了亿万农民积极性,有效解决了温饱问题,农村改革取得重大成果。现阶段深化农村土地制度改革,顺应农民保留土地承包权、流转土地经营权的意愿,将土地承包经营权分为承包权和经营权,实行所有权、承包权、经营权(以下简称"三权")分置并行,着力推进农业现代化,是继家庭联产承包责任制后农村改革又一重大制度创新。"三权分置"是农村基本经营制度的自我完善,符合生产关系适应生产力发展的客观规律,展现了农村基本经营制度的持久活力,有利于明晰土地产权关系,更好地维护农民集体、承包农户、经营主体的权益;有利于促进土地资源合理利用,构建新型农业经营体系,发展多种形式适度规模经营,提高土地产出率、劳动生产率和资源利用率,推动现代农业发展。各地区各有关部门要充分认识"三权分置"的重要意义,妥善处理"三权"的相互关系,正确运用"三权分置"理论指导改革实践,不断探索和丰富"三权分置"的具体实现形式。

二、总体要求

(一)指导思想。全面贯彻党的十八大和十八届三中、四中、五中全会精神,深入学习贯彻习近平总书记系列重要讲话精神,紧紧围绕统筹推进"五位一体"总体布局和协调推进"四个全面"战略布局,牢固树立新发展理念,认真落实党中央、国务院决策部署,围绕正确处理农民和土地关系这一改革主线,科学界定"三权"内涵、权利边界及相互关系,逐步建立规范高效的"三权"运行机制,不断健全归属清晰、权能完整、流转顺畅、保护严格的农村土地产权制度,优化土地资源配置,培育新型经营主体,促进适度规模经营发展,进一步巩固和完善农村基本经营制度,为发展现代农业、增加农民收入、建设社会主义新农村提供坚实保障。

(二)基本原则

——尊重农民意愿。坚持农民主体地位,维护农民合法权益,把选择权

交给农民,发挥其主动性和创造性,加强示范引导,不搞强迫命令、不搞一刀切。

——守住政策底线。坚持和完善农村基本经营制度,坚持农村土地集体所有,坚持家庭经营基础性地位,坚持稳定土地承包关系,不能把农村土地集体所有制改垮了,不能把耕地改少了,不能把粮食生产能力改弱了,不能把农民利益损害了。

——坚持循序渐进。充分认识农村土地制度改革的长期性和复杂性,保持足够历史耐心,审慎稳妥推进改革,由点及面开展,不操之过急,逐步将实践经验上升为制度安排。

——坚持因地制宜。充分考虑各地资源禀赋和经济社会发展差异,鼓励进行符合实际的实践探索和制度创新,总结形成适合不同地区的"三权分置"具体路径和办法。

三、逐步形成"三权分置"格局

完善"三权分置"办法,不断探索农村土地集体所有制的有效实现形式,落实集体所有权,稳定农户承包权,放活土地经营权,充分发挥"三权"的各自功能和整体效用,形成层次分明、结构合理、平等保护的格局。

(一)始终坚持农村土地集体所有权的根本地位。农村土地农民集体所有,是农村基本经营制度的根本,必须得到充分体现和保障,不能虚置。土地集体所有权人对集体土地依法享有占有、使用、收益和处分的权利。农民集体是土地集体所有权的权利主体,在完善"三权分置"办法过程中,要充分维护农民集体对承包地发包、调整、监督、收回等各项权能,发挥土地集体所有的优势和作用。农民集体有权依法发包集体土地,任何组织和个人不得非法干预;有权因自然灾害严重毁损等特殊情形依法调整承包地;有权对承包农户和经营主体使用承包地进行监督,并采取措施防止和纠正长期抛荒、毁损土地、非法改变土地用途等行为。承包农户转让土地承包权的,应在本集体经济组织内进行,并经农民集体同意;流转土地经营权的,须向农民集体书面备案。集体土地被征收的,农民集体有权就征地补偿安置方案等提出意见并依法获得补偿。通过建立健全集体经济组织民主议事机制，切实保障集体成员的知情权、决策权、监督权，确保农民集体有效行使集体土地所有权，防止少数人私相授受、谋取私利。

（二）严格保护农户承包权。农户享有土地承包权是农村基本经营制度的基础，要稳定现有土地承包关系并保持长久不变。土地承包权人对承包土地依法享有占有、使用和收益的权利。农村集体土地由作为本集体经济组织成员的农民家庭承包，不论经营权如何流转，集体土地承包权都属于农民家庭。任何组织和个人都不能取代农民家庭的土地承包地位，都不能非法剥夺和限制农户的土地承包权。在完善"三权分置"办法过程中，要充分维护承包农户使用、流转、抵押、退出承包地等各项权能。承包农户有权占有、使用承包地，依法依规建设必要的农业生产、附属、配套设施，自主组织生产经营和处置产品并获得收益；有权通过转让、互换、出租（转包）、入股或其他方式流转承包地并获得收益，任何组织和个人不得强迫或限制其流转土地；有权依法依规就承包土地经营权设定抵押、自愿有偿退出承包地，具备条件的可以因保护承包地获得相关补贴。承包土地被征收的，承包农户有权依法获得相应补偿，符合条件的有权获得社会保障费用等。不得违法调整农户承包地，不得以退出土地承包权作为农民进城落户的条件。

（三）加快放活土地经营权。赋予经营主体更有保障的土地经营权，是完善农村基本经营制度的关键。土地经营权人对流转土地依法享有在一定期限内占有、耕作并取得相应收益的权利。在依法保护集体所有权和农户承包权的前提下，平等保护经营主体依流转合同取得的土地经营权，保障其有稳定的经营预期。在完善"三权分置"办法过程中，要依法维护经营主体从事农业生产所需的各项权利，使土地资源得到更有效合理的利用。经营主体有权使用流转土地自主从事农业生产经营并获得相应收益，经承包农户同意，可依法依规改良土壤、提升地力，建设农业生产、附属、配套设施，并依照流转合同约定获得合理补偿；有权在流转合同到期后按照同等条件优先续租承包土地。经营主体再流转土地经营权或依法依规设定抵押,须经承包农户或其委托代理人书面同意,并向农民集体书面备案。流转土地被征收的,地上附着物及青苗补偿费应按照流转合同约定确定其归属。承包农户流转出土地经营权的,不应妨碍经营主体行使合法权利。加强对土地经营权的保护,引导土地经营权流向种田能手和新型经营主体。支持新型经营主体提升地力、改善农业生产条件、依法依规开展土地经营权抵押融资。鼓励采用土地股份合作、土地托管、代耕代种等多种经营方式,探索更多放活土地经营权的有效途径。

(四)逐步完善"三权"关系。农村土地集体所有权是土地承包权的前提,农户享有承包经营权是集体所有的具体实现形式,在土地流转中,农户承包经营权派生出土地经营权。支持在实践中积极探索农民集体依法依规行使集体所有权、监督承包农户和经营主体规范利用土地等的具体方式。鼓励在理论上深入研究农民集体和承包农户在承包土地上、承包农户和经营主体在土地流转中的权利边界及相互权利关系等问题。通过实践探索和理论创新,逐步完善"三权"关系,为实施"三权分置"提供有力支撑。

四、确保"三权分置"有序实施

完善"三权分置"办法涉及多方权益,是一个渐进过程和系统性工程,要坚持统筹谋划、稳步推进,确保"三权分置"有序实施。

(一)扎实做好农村土地确权登记颁证工作。确认"三权"权利主体,明确权利归属,稳定土地承包关系,才能确保"三权分置"得以确立和稳步实施。要坚持和完善土地用途管制制度,在集体土地所有权确权登记颁证工作基本完成的基础上,进一步完善相关政策,及时提供确权登记成果,切实保护好农民的集体土地权益。加快推进农村承包地确权登记颁证,形成承包合同网签管理系统,健全承包合同取得权利、登记记载权利、证书证明权利的确权登记制度。提倡通过流转合同鉴证、交易鉴证等多种方式对土地经营权予以确认,促进土地经营权功能更好实现。

(二)建立健全土地流转规范管理制度。规范土地经营权流转交易,因地制宜加强农村产权交易市场建设,逐步实现涉农县(市、区、旗)全覆盖。健全市场运行规范,提高服务水平,为流转双方提供信息发布、产权交易、法律咨询、权益评估、抵押融资等服务。加强流转合同管理,引导流转双方使用合同示范文本。完善工商资本租赁农地监管和风险防范机制,严格准入门槛,确保土地经营权规范有序流转,更好地与城镇化进程和农村劳动力转移规模相适应,与农业科技进步和生产手段改进程度相适应,与农业社会化服务水平相适应。加强农村土地承包经营纠纷调解仲裁体系建设,完善基层农村土地承包调解机制,妥善化解土地承包经营纠纷,有效维护各权利主体的合法权益。

(三)构建新型经营主体政策扶持体系。完善新型经营主体财政、信贷保险、用地、项目扶持等政策。积极创建示范家庭农场、农民专业合作社示范社、农业产业化示范基地、农业示范服务组织,加快培育新型经营主体。引导新型经营主体与承包农户建立紧密利益联结机制,带动普通农户分享农业规模经营收益。支持新型经营主体相互融合,鼓励家庭农场、农民专业合作社、农业产业化龙头企业等联合与合作,依法组建行业组织或联盟。依托现代农业人才支撑计划,健全新型职业农民培育制度。

(四)完善"三权分置"法律法规。积极开展土地承包权有偿退出、土地经营权抵押贷款、土地经营权入股农业产业化经营等试点,总结形成可推广、可复制的做法和经验,在此基础上完善法律制度。加快农村土地承包法等相关法律修订完善工作。认真研究农村集体经济组织、家庭农场发展等相关法律问题。研究健全农村土地经营权流转、抵押贷款和农村土地承包权退出等方面的具体办法。

实施"三权分置"是深化农村土地制度改革的重要举措。各地区各有关部门要认真贯彻本意见要求,研究制定具体落实措施。加大政策宣传力度,统一思想认识,加强干部培训,提高执行政策能力和水平。坚持问题导向,对实践中出现的新情况新问题要密切关注,及时总结,适时调整完善措施。加强工作指导,建立检查监督机制,督促各项任务稳步开展。农业部、中央农办要切实承担起牵头责任,健全沟通协调机制,及时向党中央、国务院报告工作进展情况。各相关部门要主动支持配合,形成工作合力,更好推动"三权分置"有序实施。

中共中央、国务院关于稳步推进农村集体产权制度改革的意见(节录)

(2016年12月26日印发)

二、总体要求

(四)基本原则

——把握正确改革方向。充分发挥市场在资源配置中的决定性作用和更好发挥政府作用,明确农村集体经济组织市场主体地位,完善农民对集体资产股份权能,把实现好、维护好、发展好广大农民的根本利益作为改革的出发点和落脚点,促进集体经济发展和农民持续增收。

——坚守法律政策底线。坚持农民集体所有不动摇,不能把集体经济改弱了、改小了、改垮了,防止集体资产流失;坚持农民权利不受损,不能把农民的财产权利改虚了、改少了、改没了,防止内部少数人控制和外部资本侵占。严格依法办事,妥善处理各种利益关系。

——尊重农民群众意愿。发挥农民主体作用,支持农民创新创造,把选择权交给农民,确保农民知情权、参与权、表达权、监督权,真正让农民成为改革的参与者和受益者。

——分类有序推进改革。根据集体资产的不同类型和不同地区条件确定改革任务,坚持分类实施、稳慎开展、有序推进,坚持先行试点、先易后难,不搞齐步走、不搞一刀切;坚持问题导向,确定改革的突破口和优先序,明确改革路径和方式,着力在关键环节和重点领域取得突破。

——坚持党的领导。坚持农村基层党组织的领导核心地位不动摇,围绕巩固党在农村的执政基础来谋划和实施农村集体产权制度改革,确保集体经济组织依法依规运行,逐步实现共同富裕。

(五)改革目标。通过改革,逐步构建归属清晰、权能完整、流转顺畅、保护严格的中国特色社会主义农村集体产权制度,保护和发展农民作为农村集体经济组织成员的合法权益。科学确认农村集体经济组织成员身份,明晰集体所有产权关系,发展新型集体经济;管好用好集体资产,建立符合市场经济要求的集体经济运行新机制,促进集体资产保值增值;落实农民的土地承包权、宅基地使用权、集体收益分配权和对集体经济活动的民主管理权利,形成有效维护农村集体经济组织成员权利的治理体系。

三、全面加强农村集体资产管理

(六)开展集体资产清产核资。这是顺利推进农村集体产权制度改革的基础和前提。要对集体所有的各类资产进行全面清产核资,摸清集体家底,健全管理制度,防止资产流失。在清产核资中,重点清查核实未承包到户的资源性资产和集体统一经营的经营性资产以及现金、债权债务等,查实存量、价值和使用情况,做到账证相符和账实相符。对清查出的没有登记入账或者核算不准确的,要经核对公示后登记入账或者调整账目;对长期借出或者未按规定手续租赁转让的,要清理收回或者补办手续;对侵占集体资金和资产的,要如数退赔,涉及违规违纪的移交纪检监察机关处理,构成犯罪的移交司法机关依法追究当事人的刑事责任。清产核资结果要向全体农村集体经济组织成员公示,并经成员大会或者代表大会确认。清产核资结束后,要建立健全集体资产登记、保管、使用、处置等制度,实行台账管理。各省级政府要对清产核资工作作出统一安排,从2017年开始,按照时间服从质量的要求逐步推进,力争用3年左右时间基本完成。

(七)明确集体资产所有权。在清产核资基础上,把农村集体资产的所有权确权到不同层级的农村集体经济组织成员集体,并依法由农村集体经济组织代表集体行使所有权。属于村农民集体所有的,由村集体经济组织代表集体行使所有权,未成立集体经济组织的由村民委员会代表集体行使所有权;分别属于村内两个以上农民集体所有的,由村内各该集体经济组织代表集体行使所有权,未成立集体经济组织的由村民小组代表集体行使所有权;属于乡镇农民集体所有的,由乡镇集体经济组织代表集体行使所有权。有集体统一经营资产的村(组),特别是城中村、城郊村、经济发达村等,应建立健全农村集体经济组织,并在村党组织的领导和村民委员会的支持下,按照法律法规行使集体资产所有权。集体资产所有权确权要严格按照产权归属进行,不能打乱原集体所有的界限。

(八)强化农村集体资产财务管理。加强农村集体资金资产资源监督管理,加强乡镇农村经营管理体系建设。修订完善农村集体经济组织财务会计制度,加快农村集体资产监督管理平台建设,推动农村集体资产财务管理制度化、规范化、信息化。稳定农村财会队伍,落实民主理财,规范财务公开,切实维护集体成员的监督管理权。加强农村集体经济组织审计监督,做好日常财务收支等定期审计,继续开展村干部任期和离任经济责任等专项审计,建立问题移交、定期通报和责任追究查处制度,防止侵占集体资产。对集体财务管理混乱的村,县级党委和政府要及时组织力量进行整顿,防止和纠正发生在群众身边的腐败行为。

四、由点及面开展集体经营性资产产权制度改革

(九)有序推进经营性资产股份合作制改革。将农村集体经营性资产以股份或者份额形式量化到本集体成员,作为其参加集体收益分配的基本依据。改革主要在有经营性资产的村镇,特别是城中村、城郊村和经济发达村开展。已经开展这项改革的村镇,要总结经验,健全制度,让农民有更多获得感;没有开展这项改革的村镇,可根据群众意愿和要求,由县级以上地方政府作出安排,先进行试点,再由点及面展开,力争用5年左右时间基本完成改革。农村集体经营性资产的股份合作制改革,不同于工商企业的股份制改造,要体现成员集体所有和特有的社区性,只能在农村集体经济组织内部进行。股权设置应以成员股为主,是否设置集体股由本集体经济组织成员民主讨论决定。股权管理提倡实行不随人口增减变动而调整的方式。改革后农村集体经济组织要完善治理机制,制定组织章程,涉及成员利益的重大事项实行民主决策,防止少数人操控。

(十)确认农村集体经济组织成员身份。依据有关法律法规,按照尊重历史、兼顾现实、程序规范、群众认可的原则,统筹考虑户籍关系、农村土地承包关系、对集体积累的贡献等因素,协调平衡各方利益,做好农村集体经济组织成员身份确认工作,解决成员边界不清的问题。改革试点中,要探索在群众民主协商基础上确认农村集体经济组织成员的具体程序、标准和管理办法,建立健全农村集体经济组织成员登记备案机制。成员身份的确认既要得到多数人认可,又要防止多数人侵犯少数人权益,切实保护妇女合法权益。提倡农村集体经济组织成员家庭今后的新增人口,通过分享家庭内拥有的集体资产权益的办法,按章程获得集体资产份额和集体成员身份。

(十一)保障农民集体资产股份权利。组织实施好赋予农民对集体资产股份占有、收益、有偿退出及抵押、担保、继承权改革试点。建立集体资产股权登记制度,记载农村集体经济组织成员持有的集体资产股份信息,出具股权证书。健全集体收益分配制度,明确公积金、公益金提取比例,把农民集体资产股份收益分配权落到实处。探索农民对集体资产股份有偿退出的条件和程序,现阶段农民持有的集体资产股份有偿退出不得突破本集体经济组织的范围,可以在本集体内部转让或者由本集体赎回。有关部门要研究制定集体资产股份抵押、担保贷款办法,指导农村集体经济组织制定农民持有集体资产股份继承的办法。及时总结试点经验,适时在面上推开。

五、因地制宜探索农村集体经济有效实现形式

（十二）发挥农村集体经济组织功能作用。农村集体经济组织是集体资产管理的主体，是特殊的经济组织，可以称为经济合作社，也可以称为股份经济合作社。现阶段可由县级以上地方政府主管部门负责向农村集体经济组织发放组织登记证书，农村集体经济组织可据此向有关部门办理银行开户等相关手续，以便开展经营管理活动。发挥好农村集体经济组织在管理集体资产、开发集体资源、发展集体经济、服务集体成员等方面的功能作用。在基层党组织领导下，探索明晰农村集体经济组织与村民委员会的职能关系，有效承担集体经济经营管理事务和村民自治事务。有需要且条件许可的地方，可以实行村民委员会事务和集体经济事务分离。妥善处理好村党组织、村民委员会和农村集体经济组织的关系。

（十三）维护农村集体经济组织合法权利。严格保护集体资产所有权，防止被虚置。农村承包土地经营权流转不得改变土地集体所有性质，不得违反耕地保护制度。以家庭承包方式承包的集体土地，采取转让、互换方式流转的，应在本集体经济组织内进行，且需经农村集体经济组织等发包方同意；采取出租（转包）或者其他方式流转经营权的，应报农村集体经济组织等发包方书面备案。在农村土地征收、集体经营性建设用地入市和宅基地制度改革试点中，探索正确处理国家、集体、农民三者利益分配关系的有效办法。对于经营性资产，要体现集体的维护、管理、运营权利；对于非经营性资产，不宜折股量化到户，要根据其不同投资来源和有关规定统一运行管护。

（十四）多种形式发展集体经济。从实际出发探索发展集体经济有效途径。农村集体经济组织可以利用未承包到户的集体"四荒"地（荒山、荒沟、荒丘、荒滩）、果园、养殖水面等资源，集中开发或者通过公开招投标等方式发展现代农业项目；可以利用生态环境和人文历史等资源发展休闲农业和乡村旅游；可以在符合规划前提下，探索利用闲置的各类房产设施、集体建设用地等，以自主开发、合资合作等方式发展相应产业。支持农村集体经济组织为农户和各类农业经营主体提供产前产中产后农业生产性服务。鼓励整合利用集体积累资金、政府帮扶资金等,通过入股或者参股农业产业化龙头企业、村与村合作、村企联手共建、扶贫开发等多种形式发展集体经济。

(十五)引导农村产权规范流转和交易。鼓励地方特别是县乡依托集体资产监督管理、土地经营权流转管理等平台,建立符合农村实际需要的产权流转交易市场,开展农村承包土地经营权、集体林权、"四荒"地使用权、农业类知识产权、农村集体经营性资产出租等流转交易。县级以上地方政府要根据农村产权要素性质、流转范围和交易需要,制定产权流转交易管理办法,健全市场交易规则,完善运行机制,实行公开交易,加强农村产权流转交易服务和监督管理。维护进城落户农民土地承包权、宅基地使用权、集体收益分配权,在试点基础上探索支持引导其依法自愿有偿转让上述权益的有效办法。

六、切实加强党对农村集体产权制度改革的领导

(十六)强化组织领导。各级党委和政府要充分认识农村集体产权制度改革的重要性、复杂性、长期性,认真抓好中央改革部署的贯彻落实,既要鼓励创新、勇于试验,又要把控方向、有历史耐心,切实加强组织领导,积极稳妥推进改革。要建立省级全面负责、县级组织实施的领导体制和工作机制,地方各级党委书记特别是县乡党委书记要亲自挂帅,承担领导责任。各地要层层分解任务,落实工作措施,提出具体要求,创造保障条件,确保事有人管、责有人负,对于改革中遇到的矛盾和问题,要切实加以解决,涉及重大政策调整的,要及时向上级请示汇报,确保社会和谐稳定。

(十七)精心组织实施。农村集体产权制度改革工作由中央农村工作领导小组组织领导,农业部、中央农村工作领导小组办公室牵头实施。要梳理细化各项改革任务,明确任务承担单位,制定配套的分工实施方案,有关部门按职责抓好落实。各有关部门要加强调查研究和工作指导,及时做好政策评估,协调解决改革中遇到的困难和问题;农业等有关部门的干部要深入基层,加强政策解读和干部培训,编写通俗易懂的宣传材料,让基层干部群众全面了解改革精神和政策要求。加强监督检查,严肃查处和纠正弄虚作假、侵害集体经济组织及其成员权益等行为。注重改革的系统性、协同性,与正在推进的有关改革做好衔接,发挥改革的综合效应。

(十八)加大政策支持力度。清理废除各种阻碍农村集体经济发展的不合理规定,营造有利于推进农村集体产权制度改革的政策环境。农村集体经济组织承担大量农村社会公共服务支出,不同于一般经济组织,其成员按资产量化份额从集体获得的收益,也不同于一般投资所得,要研究制定支持农村集体产权制度改革的税收政策。在农村集体产权制度改革中,免征因权利人名称变更登记、资产产权变更登记涉及的契税,免征签订产权转移书据涉及的印花税,免收确权变更中的土地、房屋等不动产登记费。进一步完善财政引导、多元化投入共同扶持集体经济发展机制。对政府拨款、减免税费等形成的资产归农村集体经济组织所有,可以量化为集体成员持有的股份。逐步增加政府对农村的公共服务支出,减少农村集体经济组织的相应负担。完善金融机构对农村集体经济组织的融资、担保等政策,健全风险防范分担机制。统筹安排农村集体经济组织发展所需用地。

(十九)加强法治建设。健全适应社会主义市场经济体制要求、以公平为核心原则的农村产权保护法律制度。抓紧研究制定农村集体经济组织方面的法律,赋予农村集体经济组织法人资格,明确权利义务关系,依法维护农村集体经济组织及其成员的权益,保证农村集体经济组织平等使用生产要素,公平参与市场竞争,同等受到法律保护。抓紧修改农村土地承包方面的法律,赋予农民更加充分而有保障的土地权益。适时完善集体土地征收、集体经营性建设用地入市、宅基地管理等方面的法律制度。认真做好农村产权纠纷调解仲裁和司法救济工作。

中共中央、国务院
关于深入推进农业供给侧结构性改革
加快培育农业农村发展新动能的
若干意见（节录）

（2016年12月31日印发）

29. 加快农村金融创新。强化激励约束机制，确保"三农"贷款投放持续增长。支持金融机构增加县域网点，适当下放县域分支机构业务审批权限。对涉农业务较多的金融机构，进一步完善差别化考核办法。落实涉农贷款增量奖励政策。支持农村商业银行、农村合作银行、村镇银行等农村中小金融机构立足县域，加大服务"三农"力度，健全内部控制和风险管理制度。规范发展农村资金互助组织，严格落实监管主体和责任。开展农民合作社内部信用合作试点，鼓励发展农业互助保险。支持国家开发银行创新信贷投放方式。完善农业发展银行风险补偿机制和资本金补充制度，加大对粮食多元市场主体入市收购的信贷支持力度。深化农业银行三农金融事业部改革，对达标县域机构执行优惠的存款准备金率。加快完善邮储银行三农金融事业部运作机制，研究给予相关优惠政策。抓紧研究制定农村信用社省联社改革方案。优化村镇银行设立模式，提高县市覆盖面。鼓励金融机构积极利用互联网技术，为农业经营主体提供小额存贷款、支付结算和保险等金融服务。推进信用户、信用村、信用乡镇创建。支持金融机构开展适合新型农业经营主体的订单融资和应收账款融资业务。深入推进承包土地的经营权和农民住房财产权抵押贷款试点,探索开展大型农机具、农业生产设施抵押贷款业务。加快农村各类资源资产权属认定,推动部门确权信息与银行业金融机构联网共享。持续推进农业保险扩面、增品、提标,开发满足新型农业经营主体需求的保险产品,采取以奖代补方式支持地方开展特色农产品保险。鼓励地方多渠道筹集资金,支持扩大农产品价格指数保险试点。探索建立农产品收入保险制度。支持符合条件的涉农企业上市融资、发行债券、兼并重组。在健全风险阻断机制前提下,完善财政与金融支农协作模式。鼓励金融机构发行"三农"专项金融债。扩大银行与保险公司合作,发展保证保险贷款产品。深入推进农产品期货、期权市场建设,积极引导涉农企业利用期货、期权管理市场风险,稳步扩大"保险+期货"试点。严厉打击农村非法集资和金融诈骗。积极推动农村金融立法。

30. 深化农村集体产权制度改革。落实农村土地集体所有权、农户承包权、土地经营权"三权分置"办法。加快推进农村承包地确权登记颁证,扩大整省试点范围。统筹协调推进农村土地征收、集体经营性建设用地入市、宅基地制度改革试点。全面加快"房地一体"的农村宅基地和集体建设用地确权登记颁证工作。认真总结农村宅基地制度改革试点经验,在充分保障农户宅基地用益物权、防止外部资本侵占控制的前提下,落实宅基地集体所有权,维护农户依法取得的宅基地占有和使用权,探索农村集体组织以出租、合作等方式盘活利用空闲农房及宅基地,增加农民财产性收入。允许地方多渠道筹集资金,按规定用于村集体对进城落户农民自愿退出承包地、宅基地的补偿。抓紧研究制定农村集体经济组织相关法律,赋予农村集体经济组织法人资格。全面开展农村集体资产清产核资。稳妥有序、由点及面推进农村集体经营性资产股份合作制改革,确认成员身份,量化经营性资产,保障农民集体资产权利。从实际出发探索发展集体经济有效途径,鼓励地方开展资源变资产、资金变股金、农民变股东等改革,增强集体经济发展活力和实力。研究制定支持农村集体产权制度改革的税收政策。深化集体林权制度改革。加快水权水市场建设，推进水资源使用权确权和进场交易。加快农村产权交易市场建设。

中共中央、国务院关于实施乡村振兴战略的意见（节录）

（2018年1月2日印发）

六、加强农村基层基础工作，构建乡村治理新体系

（三）建设法治乡村。坚持法治为本，树立依法治理理念，强化法律在维护农民权益、规范市场运行、农业支持保护、生态环境治理、化解农村社会矛盾等方面的权威地位。增强基层干部法治观念、法治为民意识，将政府涉农各项工作纳入法治化轨道。深入推进综合行政执法改革向基层延伸，创新监管方式，推动执法队伍整合、执法力量下沉，提高执法能力和水平。建立健全乡村调解、县市仲裁、司法保障的农村土地承包经营纠纷调处机制。加大农村普法力度，提高农民法治素养，引导广大农民增强尊法学法守法用法意识。健全农村公共法律服务体系，加强对农民的法律援助和司法救助。

九、推进体制机制创新，强化乡村振兴制度性供给

实施乡村振兴战略，必须把制度建设贯穿其中。要以完善产权制度和要素市场化配置为重点，激活主体、激活要素、激活市场，着力增强改革的系统性、整体性、协同性。

（一）巩固和完善农村基本经营制度。落实农村土地承包关系稳定并长久不变政策，衔接落实好第二轮土地承包到期后再延长 30 年的政策，让农民吃上长效"定心丸"。全面完成土地承包经营权确权登记颁证工作，实现承包土地信息联通共享。完善农村承包地"三权分置"制度，在依法保护集体土地所有权和农户承包权前提下，平等保护土地经营权。农村承包土地经营权可以依法向金融机构融资担保、入股从事农业产业化经营。实施新型农业经营主体培育工程，培育发展家庭农场、合作社、龙头企业、社会化服务组织和农业产业化联合体，发展多种形式适度规模经营。

（三）深入推进农村集体产权制度改革。全面开展农村集体资产清产核资、集体成员身份确认，加快推进集体经营性资产股份合作制改革。推动资源变资产、资金变股金、农民变股东，探索农村集体经济新的实现形式和运行机制。坚持农村集体产权制度改革正确方向，发挥村党组织对集体经济组织的领导核心作用，防止内部少数人控制和外部资本侵占集体资产。维护进城落户农民土地承包权、宅基地使用权、集体收益分配权，引导进城落户农民依法自愿有偿转让上述权益。研究制定农村集体经济组织法，充实农村集体产权权能。全面深化供销合作社综合改革，深入推进集体林权、水利设施产权等领域改革，做好农村综合改革、农村改革试验区等工作。

农业农村部、国家发展改革委、财政部、中国人民银行、国家税务总局、国家市场监督管理总局关于开展土地经营权入股发展农业产业化经营试点的指导意见

(2018年12月19日印发 农产发〔2018〕4号)

各省、自治区、直辖市及新疆生产建设兵团农业农村、发展改革、财政、市场监督管理部门，中国人民银行上海总部、各分行、营业管理部、各省会(首府)城市中心支行，国家税务总局各省、自治区、直辖市和计划单列市税务局：

为贯彻落实党的十九大精神和十八届三中全会部署，按照《中共中央办公厅 国务院办公厅关于完善农村土地所有权承包权经营权分置办法的意见》要求，指导各地稳妥开展土地(指农户家庭承包地)经营权入股发展农业产业化经营试点工作，促进乡村振兴，提出如下意见。

一、充分认识土地经营权入股发展农业产业化经营的重要意义

(一)土地经营权入股是用活土地经营权的有效形式。推行土地经营权入股，是深化农村土地制度改革的重要措施。土地经营权入股龙头企业和作价出资农民专业合作社(以下统称土地经营权入股)，使农民拥有更多的

流转方式选择,让农民分享农业全产业链利润,拓展农民财产性收入来源。同时,也让龙头企业、农民专业合作社获得土地经营权,在更大范围、更高层次上推进农业产业化经营。

(二)土地经营权入股是促进适度规模经营的重要途径。土地经营权入股,便于土地集中连片,实现规模化经营、标准化生产;便于培育开展适度规模经营的龙头企业和农民专业合作社,为其发展提供物质条件;便于促进农户、家庭农场、龙头企业、农民专业合作社之间构建优势互补、利益共享、风险共担的联结机制,促进适度规模经营的长期稳定,实现小农户和现代农业发展有机衔接。

(三)土地经营权入股能够增强乡村产业振兴的发展动能。乡村产业振兴需要资金、技术、人才等资源要素聚集。土地经营权入股龙头企业和农民专业合作社,促进土地与资金、技术等现代生产要素有机结合,建设原料基地,培育特色产业,发展农产品加工业,促进农村一二三产业融合发展,壮大乡村产业,助力乡村振兴。

二、准确把握土地经营权入股发展农业产业化经营的基本原则

(一)落实"三权分置",严守政策底线。坚持农村土地集体所有权,依法维护农民集体对承包地的各项权能。严格保护农户承包权,任何组织和个人都不能取代农民家庭的土地承包地位,都不能非法剥夺和限制农户的土地承包权。放活土地经营权,依法平等保护经营主体依流转合同取得的经营权,保障其有稳定的经营预期。

(二)遵循市场规律,发挥政府作用。坚持市场在资源配置中的决定性作用,要客观反映土地等要素的实际贡献和稀缺程度,按照市场规则协商确定入股各方的权利义务和利益分配。更好发挥政府作用,完善土地经营权入股相关政策措施,确保农民的知情权、参与权、监督权和收益权,平等保护各方合法权益。

(三)因地制宜推进,循序渐进发展。充分考虑地域差异、经济基础及农村劳动力转移等因素,根据实际情况适度开展土地经营权入股。鼓励探索形式多样、符合实际的入股方式，不搞强迫命令、盲目攀比和"一刀切"，要边试点、边总结、边发展。

（四）强化风险管控，维护农民利益。土地经营权入股期限不能超过土地承包剩余期限，入股的土地不能改变土地性质和用途，不能降低耕地的基础地力，严禁入股土地"非农化"。鼓励有条件的地方探索建立土地经营权入股风险防范制度。鼓励实行"保底收益+按股分红"，让农民特别是贫困户在土地经营权入股中有稳定收益。

三、明确土地经营权入股发展农业产业化经营的重点任务

（一）创新土地经营权入股的实现形式。根据公司股东、农民专业合作社成员等各方的意愿和要求，合理确定土地经营权入股的形式，培育一批土地经营权出资发展农业产业化经营的公司、农民专业合作社。农户的土地经营权可以依法直接对公司和农民专业合作社出资，还可以先出资设立农民专业合作社，再由农民专业合作社以土地经营权出资设立公司。发挥土地经营权入股对脱贫攻坚的重要作用，有关财政资金在不改变用途的情况下，所形成的资产具备条件的可折股量化给贫困村和贫困户，探索财政资金形成资产股权量化和土地经营权入股联动的有效方式，建立公司、农民专业合作社与农户特别是贫困户的紧密利益联结机制。

（二）完善土地股份组织运行机制。探索建立公平合理的土地经营权评估作价机制，作价应考虑土地数量质量、入股期限长短、不同要素比价等因素，参考有关部门发布的土地经营权流转指导价格，由公司股东、农民专业合作社成员等各方协商确定。土地经营权入股公司的，提倡同股同权同责，按股份比例分享决策权、分取收益、承担责任；经全体公司股东约定或公司章程规定，也可实行股、权、责差异化配置，但应符合权利义务对等原则。加强公司、农民专业合作社财务管理规范化建设，财务情况依法向农户（成员）公开。保障公司、农民专业合作社对入股土地经营权的正常合法行使，经农户或其委托代理人书面同意并向村民委员会或集体经济组织书面备案，可以依法依规对土地集中连片整理改造和对土地经营权进行再流转和抵押。

妥善处理农户退出问题,探索通过限定最短入股期限、调换地块等方式,稳定公司、农民专业合作社对土地经营的预期。公司、农民专业合作社破产清算后,农户可以按照有关法律法规或公司、农民专业合作社章程规定回购土地经营权。

(三)探索土地经营权入股风险防范措施。村民委员会或集体经济组织应对承包农户土地经营权入股进行书面备案,对公司、农民专业合作社使用承包地进行监督。探索"优先股",让农民在让渡公司经营决策权的同时享有优先分红的权利;探索"先租后股",让农民先出租土地,在公司、农民专业合作社具有稳定良好的经济效益之后再入股。发挥保险化解风险的作用,探索"入股履约保证保险"等多种土地经营权入股保险,为农民的"保底收益"和土地经营权回购提供保险保障;加强农业保险,增强公司、农民专业合作社抗风险能力。

四、强化土地经营权入股发展农业产业化经营的政策保障

(一)推进登记颁证。加快完成农村承包地确权登记颁证,建立完善土地经营权价格评估体系,建立健全土地经营权流转市场,做好土地承包经营纠纷调解仲裁工作,为土地经营权入股提供保障。以土地经营权入股公司,注册资本实行认缴登记制,由申请人对入股的注册资本数额、合法性、真实性负责;法律法规规定实缴的,按照注册资本实缴登记的有关规定执行。允许农民以土地经营权作价出资加入农民专业合作社,依法予以登记,由申请成员对土地经营权合法性负责。

(二)加强指导服务。各省(区、市)农业农村部门要牵头组织开展土地经营权入股试点工作,对已经开展试点的县(市、区)和有关公司、农民专业合作社做好跟踪指导,在尚未开展试点的地方适时选择一批具备条件的公司、农民专业合作社开展试点。鼓励探索对农民以土地经营权入股进行风险提示的办法。加强对土地经营权入股的日常指导、调查监测,妥善处理入股中的各种纠纷,依法保护农户、家庭农场、公司、农民专业合作社等各方的合法权益。引导土地经营权入股的公司、作价出资的农民专业合作社依托国家企业信用信息公示系统依法主动公示相关信息,通过跨部门、跨行业联合监管,督促其合法规范经营。

(三)加大支持力度。各级农业农村部门要与发改、财政、人行、税务、市场监管、银保监等部门沟通协调,进一步支持土地经营权入股发展农业产业化经营。将符合条件的土地经营权入股的公司、作价出资的农民专业合作社纳入相关财政支农政策、农业信贷担保体系支持范围。推动解决公司、农民专业合作社抵押物少、贷款难的问题,鼓励商业保险机构开发适应土地经营权入股需求的保险产品。落实涉企和农民专业合作社的税收优惠政策。总结入股的做法和成效,形成可复制、能推广的经验和举措,加大对先进典型的宣传推广力度,引导土地经营权入股发展农业产业化经营试点有序推进。

中共中央、国务院关于坚持农业农村优先发展做好"三农"工作的若干意见(节录)

(2019年1月3日印发)

五、全面深化农村改革,激发乡村发展活力

(一)巩固和完善农村基本经营制度。坚持家庭经营基础性地位,赋予双层经营体制新的内涵。突出抓好家庭农场和农民合作社两类新型农业经营主体,启动家庭农场培育计划,开展农民合作社规范提升行动,深入推进示范合作社建设,建立健全支持家庭农场、农民合作社发展的政策体系和管理制度。落实扶持小农户和现代农业发展有机衔接的政策,完善"农户+合作社"、"农户+公司"利益联结机制。加快培育各类社会化服务组织,为一家一户提供全程社会化服务。加快出台完善草原承包经营制度的意见。加快推进农业水价综合改革,健全节水激励机制。继续深化供销合作社综合改革,制定供销合作社条例。深化集体林权制度和国有林区林场改革。大力推进农垦垦区集团化、农场企业化改革。

(二)深化农村土地制度改革。保持农村土地承包关系稳定并长久不变,研究出台配套政策,指导各地明确第二轮土地承包到期后延包的具体办法,确保政策衔接平稳过渡。完善落实集体所有权、稳定农户承包权、放活土地经营权的法律法规和政策体系。在基本完成承包地确权登记颁证工作基础上,开展"回头看",做好收尾工作,妥善化解遗留问题,将土地承包经营权证书发放至农户手中。健全土地流转规范管理制度,发展多种形式农业适度规模经营,允许承包土地的经营权担保融资。总结好农村土地制度三项改革试点经验,巩固改革成果。坚持农村土地集体所有、不搞私有化,坚持农地农用、防止非农化,坚持保障农民土地权益、不得以退出承包地和宅基地作为农民进城落户条件,进一步深化农村土地制度改革。在修改相关法律的基础上,完善配套制度,全面推开农村土地征收制度改革和农村集体经营性建设用地入市改革,加快建立城乡统一的建设用地市场。加快推进宅基地使用权确权登记颁证工作,力争2020年基本完成。稳慎推进农村宅基地制度改革,拓展改革试点,丰富试点内容,完善制度设计。抓紧制定加强农村宅基地管理指导意见。研究起草农村宅基地使用条例。开展闲置宅基地复垦试点。允许在县域内开展全域乡村闲置校舍、厂房、废弃地等整治,盘活建设用地重点用于支持乡村新产业新业态和返乡下乡创业。严格农业设施用地管理,满足合理需求。巩固"大棚房"问题整治成果。按照"取之于农,主要用之于农"的要求,调整完善土地出让收入使用范围,提高农业农村投入比例,重点用于农村人居环境整治、村庄基础设施建设和高标准农田建设。扎实开展新增耕地指标和城乡建设用地增减挂钩节余指标跨省域调剂使用,调剂收益全部用于巩固脱贫攻坚成果和支持乡村振兴。加快修订土地管理法、物权法等法律法规。

附录二 相关规定

一、登记管理

不动产登记暂行条例

(2014年11月24日国务院令第656号公布 根据2019年3月24日国务院令第710号《关于修改部分行政法规的决定》第一次修订 根据2024年3月10日国务院令第777号《关于修改和废止部分行政法规的决定》第二次修订)

第一章 总则

第一条 为整合不动产登记职责,规范登记行为,方便群众申请登记,保护权利人合法权益,根据《中华人民共和国民法典》等法律,制定本条例。

第二条 本条例所称不动产登记,是指不动产登记机构依法将不动产权利归属和其他法定事项记载于不动产登记簿的行为。

本条例所称不动产,是指土地、海域以及房屋、林木等定着物。

第三条 不动产首次登记、变更登记、转移登记、注销登记、更正登记、异议登记、预告登记、查封登记等,适用本条例。

第四条 国家实行不动产统一登记制度。

不动产登记遵循严格管理、稳定连续、方便群众的原则。

不动产权利人已经依法享有的不动产权利,不因登记机构和登记程序的改变而受到影响。

第五条 下列不动产权利,依照本条例的规定办理登记:

(一)集体土地所有权;

(二)房屋等建筑物、构筑物所有权;

(三)森林、林木所有权;

(四)耕地、林地、草地等土地承包经营权;

(五)建设用地使用权;

(六)宅基地使用权;

(七)海域使用权;

(八)地役权;

(九)抵押权;

(十)法律规定需要登记的其他不动产权利。

第六条 国务院自然资源主管部门负责指导、监督全国不动产登记工作。

县级以上地方人民政府应当确定一个部门为本行政区域的不动产登记机构,负责不动产登记工作,并接受上级人民政府不动产登记主管部门的指导、监督。

第七条 不动产登记由不动产所在地的县级人民政府不动产登记机构办理;直辖市、设区的市人民政府可以确定本级不动产登记机构统一办理所属各区的不动产登记。

跨县级行政区域的不动产登记,由所跨县级行政区域的不动产登记机构分别办理。不能分别办理的,由所跨县级行政区域的不动产登记机构协商办理;协商不成的,由共同的上一级人民政府不动产登记主管部门指定办理。

国务院确定的重点国有林区的森林、林木和林地,国务院批准项目用海、用岛,中央国家机关使用的国有土地等不动产登记,由国务院自然资源主管部门会同有关部门规定。

第二章 不动产登记簿

第八条 不动产以不动产单元为基本单位进行登记。不动产单元具有唯一编码。

不动产登记机构应当按照国务院自然资源主管部门的规定设立统一的不动产登记簿。

不动产登记簿应当记载以下事项：

（一）不动产的坐落、界址、空间界限、面积、用途等自然状况；

（二）不动产权利的主体、类型、内容、来源、期限、权利变化等权属状况；

（三）涉及不动产权利限制、提示的事项；

（四）其他相关事项。

第九条 不动产登记簿应当采用电子介质，暂不具备条件的，可以采用纸质介质。不动产登记机构应当明确不动产登记簿唯一、合法的介质形式。

不动产登记簿采用电子介质的，应当定期进行异地备份，并具有唯一、确定的纸质转化形式。

第十条 不动产登记机构应当依法将各类登记事项准确、完整、清晰地记载于不动产登记簿。任何人不得损毁不动产登记簿，除依法予以更正外不得修改登记事项。

第十一条 不动产登记工作人员应当具备与不动产登记工作相适应的专业知识和业务能力。

不动产登记机构应当加强对不动产登记工作人员的管理和专业技术培训。

第十二条 不动产登记机构应当指定专人负责不动产登记簿的保管，并建立健全相应的安全责任制度。

采用纸质介质不动产登记簿的，应当配备必要的防盗、防火、防渍、防有害生物等安全保护设施。

采用电子介质不动产登记簿的，应当配备专门的存储设施，并采取信息网络安全防护措施。

第十三条 不动产登记簿由不动产登记机构永久保存。不动产登记簿损毁、灭失的,不动产登记机构应当依据原有登记资料予以重建。

行政区域变更或者不动产登记机构职能调整的,应当及时将不动产登记簿移交相应的不动产登记机构。

第三章 登 记 程 序

第十四条 因买卖、设定抵押权等申请不动产登记的,应当由当事人双方共同申请。

属于下列情形之一的,可以由当事人单方申请:

(一)尚未登记的不动产首次申请登记的;

(二)继承、接受遗赠取得不动产权利的;

(三)人民法院、仲裁委员会生效的法律文书或者人民政府生效的决定等设立、变更、转让、消灭不动产权利的;

(四)权利人姓名、名称或者自然状况发生变化,申请变更登记的;

(五)不动产灭失或者权利人放弃不动产权利,申请注销登记的;

(六)申请更正登记或者异议登记的;

(七)法律、行政法规规定可以由当事人单方申请的其他情形。

第十五条 当事人或者其代理人应当向不动产登记机构申请不动产登记。不动产登记机构将申请登记事项记载于不动产登记簿前,申请人可以撤回登记申请。

第十六条 申请人应当提交下列材料,并对申请材料的真实性负责:

(一)登记申请书;

(二)申请人、代理人身份证明材料、授权委托书;

(三)相关的不动产权属来源证明材料、登记原因证明文件、不动产权属证书;

(四)不动产界址、空间界限、面积等材料;

(五)与他人利害关系的说明材料;

(六)法律、行政法规以及本条例实施细则规定的其他材料。

不动产登记机构应当在办公场所和门户网站公开申请登记所需材料目录和示范文本等信息。

第十七条 不动产登记机构收到不动产登记申请材料,应当分别按照下列情况办理:

(一)属于登记职责范围,申请材料齐全、符合法定形式,或者申请人按照要求提交全部补正申请材料的,应当受理并书面告知申请人;

(二)申请材料存在可以当场更正的错误的,应当告知申请人当场更正,申请人当场更正后,应当受理并书面告知申请人;

(三)申请材料不齐全或者不符合法定形式的,应当当场书面告知申请人不予受理并一次性告知需要补正的全部内容;

(四)申请登记的不动产不属于本机构登记范围的,应当当场书面告知申请人不予受理并告知申请人向有登记权的机构申请。

不动产登记机构未当场书面告知申请人不予受理的,视为受理。

第十八条 不动产登记机构受理不动产登记申请的,应当按照下列要求进行查验:

(一)不动产界址、空间界限、面积等材料与申请登记的不动产状况是否一致;

(二)有关证明材料、文件与申请登记的内容是否一致;

(三)登记申请是否违反法律、行政法规规定。

第十九条 属于下列情形之一的,不动产登记机构可以对申请登记的不动产进行实地查看:

(一)房屋等建筑物、构筑物所有权首次登记;

(二)在建建筑物抵押权登记;

(三)因不动产灭失导致的注销登记;

(四)不动产登记机构认为需要实地查看的其他情形。

对可能存在权属争议,或者可能涉及他人利害关系的登记申请,不动产登记机构可以向申请人、利害关系人或者有关单位进行调查。

不动产登记机构进行实地查看或者调查时,申请人、被调查人应当予以配合。

第二十条 不动产登记机构应当自受理登记申请之日起30个工作日内办结不动产登记手续,法律另有规定的除外。

第二十一条 登记事项自记载于不动产登记簿时完成登记。

不动产登记机构完成登记,应当依法向申请人核发不动产权属证书或者登记证明。

第二十二条 登记申请有下列情形之一的,不动产登记机构应当不予登记,并书面告知申请人:

(一)违反法律、行政法规规定的;

(二)存在尚未解决的权属争议的;

(三)申请登记的不动产权利超过规定期限的;

(四)法律、行政法规规定不予登记的其他情形。

第四章 登记信息共享与保护

第二十三条 国务院自然资源主管部门应当会同有关部门建立统一的不动产登记信息管理基础平台。

各级不动产登记机构登记的信息应当纳入统一的不动产登记信息管理基础平台,确保国家、省、市、县四级登记信息的实时共享。

第二十四条 不动产登记有关信息与住房城乡建设、农业农村、林业草原等部门审批信息、交易信息等应当实时互通共享。

不动产登记机构能够通过实时互通共享取得的信息,不得要求不动产登记申请人重复提交。

第二十五条 自然资源、公安、民政、财政、税务、市场监管、金融、审计、统计等部门应当加强不动产登记有关信息互通共享。

第二十六条 不动产登记机构、不动产登记信息共享单位及其工作人员应当对不动产登记信息保密;涉及国家秘密的不动产登记信息,应当依法采取必要的安全保密措施。

第二十七条 权利人、利害关系人可以依法查询、复制不动产登记资料,不动产登记机构应当提供。

有关国家机关可以依照法律、行政法规的规定查询、复制与调查处理事项有关的不动产登记资料。

第二十八条 查询不动产登记资料的单位、个人应当向不动产登记机构说明查询目的,不得将查询获得的不动产登记资料用于其他目的;未经权利人同意,不得泄露查询获得的不动产登记资料。

第五章 法律责任

第二十九条 不动产登记机构登记错误给他人造成损害,或者当事人提供虚假材料申请登记给他人造成损害的,依照《中华人民共和国民法典》的规定承担赔偿责任。

第三十条 不动产登记机构工作人员进行虚假登记,损毁、伪造不动产登记簿,擅自修改登记事项,或者有其他滥用职权、玩忽职守行为的,依法给予处分;给他人造成损害的,依法承担赔偿责任;构成犯罪的,依法追究刑事责任。

第三十一条 伪造、变造不动产权属证书、不动产登记证明,或者买卖、使用伪造、变造的不动产权属证书、不动产登记证明的,由不动产登记机构或者公安机关依法予以收缴;有违法所得的,没收违法所得;给他人造成损害的,依法承担赔偿责任;构成违反治安管理行为的,依法给予治安管理处罚;构成犯罪的,依法追究刑事责任。

第三十二条 不动产登记机构、不动产登记信息共享单位及其工作人员,查询不动产登记资料的单位或者个人违反国家规定,泄露不动产登记资料、登记信息,或者利用不动产登记资料、登记信息进行不正当活动,给他人造成损害的,依法承担赔偿责任;对有关责任人员依法给予处分;有关责任人员构成犯罪的,依法追究刑事责任。

第六章 附 则

第三十三条 本条例施行前依法颁发的各类不动产权属证书和制作的不动产登记簿继续有效。

不动产统一登记过渡期内,农村土地承包经营权的登记按照国家有关规定执行。

第三十四条 本条例实施细则由国务院自然资源主管部门会同有关部门制定。

第三十五条 本条例自2015年3月1日起施行。本条例施行前公布的行政法规有关不动产登记的规定与本条例规定不一致的,以本条例规定为准。

不动产登记暂行条例实施细则

(2016年1月1日国土资源部令第63号公布 根据2019年7月24日自然资源部令第5号《关于第一批废止和修改的部门规章的决定》第一次修正 根据2024年5月21日自然资源部令第14号《关于第六批修改的部门规章的决定》第二次修正)

第一章 总 则

第一条 为规范不动产登记行为,细化不动产统一登记制度,方便人民群众办理不动产登记,保护权利人合法权益,根据《不动产登记暂行条例》

(以下简称《条例》),制定本实施细则。

第二条 不动产登记应当依照当事人的申请进行,但法律、行政法规以及本实施细则另有规定的除外。

房屋等建筑物、构筑物和森林、林木等定着物应当与其所依附的土地、海域一并登记,保持权利主体一致。

第三条 不动产登记机构依照《条例》第七条第二款的规定,协商办理或者接受指定办理跨县级行政区域不动产登记的,应当在登记完毕后将不动产登记簿记载的不动产权利人以及不动产坐落、界址、面积、用途、权利类型等登记结果告知不动产所跨区域的其他不动产登记机构。

第四条 国务院确定的重点国有林区的森林、林木和林地,由自然资源部受理并会同有关部门办理,依法向权利人核发不动产权属证书。

国务院批准的项目用海、用岛的登记,由自然资源部受理,依法向权利人核发不动产权属证书。

第二章 不动产登记簿

第五条 《条例》第八条规定的不动产单元,是指权属界线封闭且具有独立使用价值的空间。

没有房屋等建筑物、构筑物以及森林、林木定着物的,以土地、海域权属界线封闭的空间为不动产单元。

有房屋等建筑物、构筑物以及森林、林木定着物的,以该房屋等建筑物、构筑物以及森林、林木定着物与土地、海域权属界线封闭的空间为不动产单元。

前款所称房屋,包括独立成幢、权属界线封闭的空间,以及区分套、层、间等可以独立使用、权属界线封闭的空间。

第六条 不动产登记簿以宗地或者宗海为单位编成,一宗地或者一宗海范围内的全部不动产单元编入一个不动产登记簿。

第七条 不动产登记机构应当配备专门的不动产登记电子存储设施,

采取信息网络安全防护措施,保证电子数据安全。

任何单位和个人不得擅自复制或者篡改不动产登记簿信息。

第八条 承担不动产登记审核、登簿的不动产登记工作人员应当熟悉相关法律法规,具备与其岗位相适应的不动产登记等方面的专业知识。

自然资源部会同有关部门组织开展对承担不动产登记审核、登簿的不动产登记工作人员的考核培训。

第三章 登 记 程 序

第九条 申请不动产登记的,申请人应当填写登记申请书,并提交身份证明以及相关申请材料。

申请材料应当提供原件。因特殊情况不能提供原件的,可以提供复印件,复印件应当与原件保持一致。

通过互联网在线申请不动产登记的,应当通过符合国家规定的身份认证系统进行实名认证。申请人提交电子材料的,不再提交纸质材料。

第十条 处分共有不动产申请登记的,应当经占份额三分之二以上的按份共有人或者全体共同共有人共同申请,但共有人另有约定的除外。

按份共有人转让其享有的不动产份额,应当与受让人共同申请转移登记。

建筑区划内依法属于全体业主共有的不动产申请登记,依照本实施细则第三十六条的规定办理。

第十一条 无民事行为能力人、限制民事行为能力人申请不动产登记的,应当由其监护人代为申请。

监护人代为申请登记的,应当提供监护人与被监护人的身份证或者户口簿、有关监护关系等材料;因处分不动产而申请登记的,还应当提供为被监护人利益的书面保证。

父母之外的监护人处分未成年人不动产的,有关监护关系材料可以是人民法院指定监护的法律文书、经过公证的对被监护人享有监护权的材料或者其他材料。

第十二条　当事人可以委托他人代为申请不动产登记。

代理申请不动产登记的,代理人应当向不动产登记机构提供被代理人签字或者盖章的授权委托书。

自然人处分不动产,委托代理人申请登记的,应当与代理人共同到不动产登记机构现场签订授权委托书,但授权委托书经公证的除外。

境外申请人委托他人办理处分不动产登记的,其授权委托书应当按照国家有关规定办理认证或者公证;我国缔结或者参加的国际条约有不同规定的,适用该国际条约的规定,但我国声明保留的条款除外。

第十三条　申请登记的事项记载于不动产登记簿前,全体申请人提出撤回登记申请的,登记机构应当将登记申请书以及相关材料退还申请人。

第十四条　因继承、受遗赠取得不动产,当事人申请登记的,应当提交死亡证明材料、遗嘱或者全部法定继承人关于不动产分配的协议以及与被继承人的亲属关系材料等,也可以提交经公证的材料或者生效的法律文书。

第十五条　不动产登记机构受理不动产登记申请后,还应当对下列内容进行查验:

(一)申请人、委托代理人身份证明材料以及授权委托书与申请主体是否一致;

(二)权属来源材料或者登记原因文件与申请登记的内容是否一致;

(三)不动产界址、空间界限、面积等权籍调查成果是否完备,权属是否清楚、界址是否清晰、面积是否准确;

(四)法律、行政法规规定的完税或者缴费凭证是否齐全。

第十六条　不动产登记机构进行实地查看,重点查看下列情况:

(一)房屋等建筑物、构筑物所有权首次登记,查看房屋坐落及其建造完成等情况;

(二)在建建筑物抵押权登记,查看抵押的在建建筑物坐落及其建造等

情况;

(三)因不动产灭失导致的注销登记,查看不动产灭失等情况。

第十七条 有下列情形之一的,不动产登记机构应当在登记事项记载于登记簿前进行公告,但涉及国家秘密的除外:

(一)政府组织的集体土地所有权登记;

(二)宅基地使用权及房屋所有权,集体建设用地使用权及建筑物、构筑物所有权,土地承包经营权等不动产权利的首次登记;

(三)依职权更正登记;

(四)依职权注销登记;

(五)法律、行政法规规定的其他情形。

公告应当在不动产登记机构门户网站以及不动产所在地等指定场所进行,公告期不少于15个工作日。公告所需时间不计算在登记办理期限内。公告期满无异议或者异议不成立的,应当及时记载于不动产登记簿。

第十八条 不动产登记公告的主要内容包括:

(一)拟予登记的不动产权利人的姓名或者名称;

(二)拟予登记的不动产坐落、面积、用途、权利类型等;

(三)提出异议的期限、方式和受理机构;

(四)需要公告的其他事项。

第十九条 当事人可以持人民法院、仲裁委员会的生效法律文书或者人民政府的生效决定单方申请不动产登记。

有下列情形之一的,不动产登记机构直接办理不动产登记:

(一)人民法院持生效法律文书和协助执行通知书要求不动产登记机构办理登记的;

(二)人民检察院、公安机关依据法律规定持协助查封通知书要求办理查封登记的;

(三)人民政府依法做出征收或者收回不动产权利决定生效后,要求不动产登记机构办理注销登记的;

(四)法律、行政法规规定的其他情形。

不动产登记机构认为登记事项存在异议的,应当依法向有关机关提出审查建议。

第二十条　不动产登记机构应当根据不动产登记簿,填写并核发不动产权属证书或者不动产登记证明。电子证书证明与纸质证书证明具有同等法律效力。

除办理抵押权登记、地役权登记和预告登记、异议登记,向申请人核发不动产登记证明外,不动产登记机构应当依法向权利人核发不动产权属证书。

不动产权属证书和不动产登记证明,应当加盖不动产登记机构登记专用章。

不动产权属证书和不动产登记证明样式,由自然资源部统一规定。

第二十一条　申请共有不动产登记的,不动产登记机构向全体共有人合并发放一本不动产权属证书;共有人申请分别持证的,可以为共有人分别发放不动产权属证书。

共有不动产权属证书应当注明共有情况,并列明全体共有人。

第二十二条　不动产权属证书或者不动产登记证明污损、破损的,当事人可以向不动产登记机构申请换发。符合换发条件的,不动产登记机构应当予以换发,并收回原不动产权属证书或者不动产登记证明。

不动产权属证书或者不动产登记证明遗失、灭失,不动产权利人申请补发的,由不动产登记机构在其门户网站上刊发不动产权利人的遗失、灭失声明后,即予以补发。

不动产登记机构补发不动产权属证书或者不动产登记证明的,应当将补发不动产权属证书或者不动产登记证明的事项记载于不动产登记簿,并在不动产权属证书或者不动产登记证明上注明"补发"字样。

第二十三条　因不动产权利灭失等情形,不动产登记机构需要收回不动产权属证书或者不动产登记证明的,应当在不动产登记簿上将收回不动产权属证书或者不动产登记证明的事项予以注明;确实无法收回的,应当在不动产登记机构门户网站或者当地公开发行的报刊上公告作废。

第四章　不动产权利登记

第一节　一般规定

第二十四条　不动产首次登记,是指不动产权利第一次登记。

未办理不动产首次登记的,不得办理不动产其他类型登记,但法律、行政法规另有规定的除外。

第二十五条　市、县人民政府可以根据情况对本行政区域内未登记的不动产,组织开展集体土地所有权、宅基地使用权、集体建设用地使用权、土地承包经营权的首次登记。

依照前款规定办理首次登记所需的权属来源、调查等登记材料,由人民政府有关部门组织获取。

第二十六条　下列情形之一的,不动产权利人可以向不动产登记机构申请变更登记:

(一)权利人的姓名、名称、身份证明类型或者身份证明号码发生变更的;

(二)不动产的坐落、界址、用途、面积等状况变更的;

(三)不动产权利期限、来源等状况发生变化的;

(四)同一权利人分割或者合并不动产的;

(五)抵押担保的范围、主债权数额、债务履行期限、抵押权顺位发生变化的;

(六)最高额抵押担保的债权范围、最高债权额、债权确定期间等发生变化的;

(七)地役权的利用目的、方法等发生变化的;

(八)共有性质发生变更的;

（九）法律、行政法规规定的其他不涉及不动产权利转移的变更情形。

第二十七条 因下列情形导致不动产权利转移的，当事人可以向不动产登记机构申请转移登记：

（一）买卖、互换、赠与不动产的；

（二）以不动产作价出资（入股）的；

（三）法人或者其他组织因合并、分立等原因致使不动产权利发生转移的；

（四）不动产分割、合并导致权利发生转移的；

（五）继承、受遗赠导致权利发生转移的；

（六）共有人增加或者减少以及共有不动产份额变化的；

（七）因人民法院、仲裁委员会的生效法律文书导致不动产权利发生转移的；

（八）因主债权转移引起不动产抵押权转移的；

（九）因需役地不动产权利转移引起地役权转移的；

（十）法律、行政法规规定的其他不动产权利转移情形。

第二十八条 有下列情形之一的，当事人可以申请办理注销登记：

（一）不动产灭失的；

（二）权利人放弃不动产权利的；

（三）不动产被依法没收、征收或者收回的；

（四）人民法院、仲裁委员会的生效法律文书导致不动产权利消灭的；

（五）法律、行政法规规定的其他情形。

不动产上已经设立抵押权、地役权或者已经办理预告登记，所有权人、使用权人因放弃权利申请注销登记的，申请人应当提供抵押权人、地役权人、预告登记权利人同意的书面材料。

第二节　集体土地所有权登记

第二十九条 集体土地所有权登记，依照下列规定提出申请：

（一）土地属于村农民集体所有的，由村集体经济组织代为申请，没有集体经济组织的，由村民委员会代为申请；

（二）土地分别属于村内两个以上农民集体所有的，由村内各集体经济组织代为申请，没有集体经济组织的，由村民小组代为申请；

（三）土地属于乡（镇）农民集体所有的，由乡（镇）集体经济组织代为申请。

第三十条 申请集体土地所有权首次登记的，应当提交下列材料：

（一）土地权属来源材料；

（二）权籍调查表、宗地图以及宗地界址点坐标；

（三）其他必要材料。

第三十一条 农民集体因互换、土地调整等原因导致集体土地所有权转移，申请集体土地所有权转移登记的，应当提交下列材料：

（一）不动产权属证书；

（二）互换、调整协议等集体土地所有权转移的材料；

（三）本集体经济组织三分之二以上成员或者三分之二以上村民代表同意的材料；

（四）其他必要材料。

第三十二条 申请集体土地所有权变更、注销登记的，应当提交下列材料：

（一）不动产权属证书；

（二）集体土地所有权变更、消灭的材料；

（三）其他必要材料。

第三节 国有建设用地使用权及房屋所有权登记

第三十三条 依法取得国有建设用地使用权，可以单独申请国有建设用地使用权登记。

依法利用国有建设用地建造房屋的，可以申请国有建设用地使用权及房屋所有权登记。

第三十四条 申请国有建设用地使用权首次登记,应当提交下列材料:

(一)土地权属来源材料;

(二)权籍调查表、宗地图以及宗地界址点坐标;

(三)土地出让价款、土地租金、相关税费等缴纳凭证;

(四)其他必要材料。

前款规定的土地权属来源材料,根据权利取得方式的不同,包括国有建设用地划拨决定书、国有建设用地使用权出让合同、国有建设用地使用权租赁合同以及国有建设用地使用权作价出资(入股)、授权经营批准文件。

申请在地上或者地下单独设立国有建设用地使用权登记的,按照本条规定办理。

第三十五条 申请国有建设用地使用权及房屋所有权首次登记的,应当提交下列材料:

(一)不动产权属证书或者土地权属来源材料;

(二)建设工程符合规划的材料;

(三)房屋已经竣工的材料;

(四)房地产调查或者测绘报告;

(五)相关税费缴纳凭证;

(六)其他必要材料。

第三十六条 办理房屋所有权首次登记时,申请人应当将建筑区划内依法属于业主共有的道路、绿地、其他公共场所、公用设施和物业服务用房及其占用范围内的建设用地使用权一并申请登记为业主共有。业主转让房屋所有权的,其对共有部分享有的权利依法一并转让。

第三十七条 申请国有建设用地使用权及房屋所有权变更登记的,应当根据不同情况,提交下列材料:

(一)不动产权属证书;

(二)发生变更的材料;

（三）有批准权的人民政府或者主管部门的批准文件；
（四）国有建设用地使用权出让合同或者补充协议；
（五）国有建设用地使用权出让价款、税费等缴纳凭证；
（六）其他必要材料。

第三十八条 申请国有建设用地使用权及房屋所有权转移登记的，应当根据不同情况，提交下列材料：
（一）不动产权属证书；
（二）买卖、互换、赠与合同；
（三）继承或者受遗赠的材料；
（四）分割、合并协议；
（五）人民法院或者仲裁委员会生效的法律文书；
（六）有批准权的人民政府或者主管部门的批准文件；
（七）相关税费缴纳凭证；
（八）其他必要材料。
不动产买卖合同依法应当备案的，申请人申请登记时须提交经备案的买卖合同。

第三十九条 具有独立利用价值的特定空间以及码头、油库等其他建筑物、构筑物所有权的登记，按照本实施细则中房屋所有权登记有关规定办理。

第四节 宅基地使用权及房屋所有权登记

第四十条 依法取得宅基地使用权，可以单独申请宅基地使用权登记。
依法利用宅基地建造住房及其附属设施的，可以申请宅基地使用权及房屋所有权登记。

第四十一条 申请宅基地使用权及房屋所有权首次登记的，应当根据不同情况，提交下列材料：
（一）申请人身份证和户口簿；
（二）不动产权属证书或者有批准权的人民政府批准用地的文件等权属

来源材料；

（三）房屋符合规划或者建设的相关材料；

（四）权籍调查表、宗地图、房屋平面图以及宗地界址点坐标等有关不动产界址、面积等材料；

（五）其他必要材料。

第四十二条 因依法继承、分家析产、集体经济组织内部互换房屋等导致宅基地使用权及房屋所有权发生转移申请登记的，申请人应当根据不同情况，提交下列材料：

（一）不动产权属证书或者其他权属来源材料；

（二）依法继承的材料；

（三）分家析产的协议或者材料：

（四）集体经济组织内部互换房屋的协议；

（五）其他必要材料。

第四十三条 申请宅基地等集体土地上的建筑物区分所有权登记的，参照国有建设用地使用权及建筑物区分所有权的规定办理登记。

第五节 集体建设用地使用权及建筑物、构筑物所有权登记

第四十四条 依法取得集体建设用地使用权，可以单独申请集体建设用地使用权登记。

依法利用集体建设用地兴办企业，建设公共设施，从事公益事业等的，可以申请集体建设用地使用权及地上建筑物、构筑物所有权登记。

第四十五条 申请集体建设用地使用权及建筑物、构筑物所有权首次登记的，申请人应当根据不同情况，提交下列材料：

（一）有批准权的人民政府批准用地的文件等土地权属来源材料；

（二）建设工程符合规划的材料；

（三）权籍调查表、宗地图、房屋平面图以及宗地界址点坐标等有关不动

产界址、面积等材料；

（四）建设工程已竣工的材料；

（五）其他必要材料。

集体建设用地使用权首次登记完成后，申请人申请建筑物、构筑物所有权首次登记的，应当提交享有集体建设用地使用权的不动产权属证书。

第四十六条 申请集体建设用地使用权及建筑物、构筑物所有权变更登记、转移登记、注销登记的，申请人应当根据不同情况，提交下列材料：

（一）不动产权属证书；

（二）集体建设用地使用权及建筑物、构筑物所有权变更、转移、消灭的材料；

（三）其他必要材料。

因企业兼并、破产等原因致使集体建设用地使用权及建筑物、构筑物所有权发生转移的，申请人应当持相关协议及有关部门的批准文件等相关材料，申请不动产转移登记。

第六节 土地承包经营权登记

第四十七条 承包农民集体所有的耕地、林地、草地、水域、滩涂以及荒山、荒沟、荒丘、荒滩等农用地，或者国家所有依法由农民集体使用的农用地从事种植业、林业、畜牧业、渔业等农业生产的，可以申请土地承包经营权登记；地上有森林、林木的，应当在申请土地承包经营权登记时一并申请登记。

第四十八条 依法以承包方式在土地上从事种植业或者养殖业生产活动的，可以申请土地承包经营权的首次登记。

以家庭承包方式取得的土地承包经营权的首次登记，由发包方持土地承包经营合同等材料申请。

以招标、拍卖、公开协商等方式承包农村土地的，由承包方持土地承包经营合同申请土地承包经营权首次登记。

第四十九条 已经登记的土地承包经营权有下列情形之一的，承包方

应当持原不动产权属证书以及其他证实发生变更事实的材料,申请土地承包经营权变更登记:

（一）权利人的姓名或者名称等事项发生变化的;

（二）承包土地的坐落、名称、面积发生变化的;

（三）承包期限依法变更的;

（四）承包期限届满,土地承包经营权人按照国家有关规定继续承包的;

（五）退耕还林、退耕还湖、退耕还草导致土地用途改变的;

（六）森林、林木的种类等发生变化的;

（七）法律、行政法规规定的其他情形。

第五十条 已经登记的土地承包经营权发生下列情形之一的,当事人双方应当持互换协议、转让合同等材料,申请土地承包经营权的转移登记:

（一）互换;

（二）转让;

（三）因家庭关系、婚姻关系变化等原因导致土地承包经营权分割或者合并的;

（四）依法导致土地承包经营权转移的其他情形。

以家庭承包方式取得的土地承包经营权,采取转让方式流转的,还应当提供发包方同意的材料。

第五十一条 已经登记的土地承包经营权发生下列情形之一的,承包方应当持不动产权属证书、证实灭失的材料等,申请注销登记:

（一）承包经营的土地灭失的;

（二）承包经营的土地被依法转为建设用地的;

（三）承包经营权人丧失承包经营资格或者放弃承包经营权的;

（四）法律、行政法规规定的其他情形。

第五十二条 以承包经营以外的合法方式使用国有农用地的国有农场、草场,以及使用国家所有的水域、滩涂等农用地进行农业生产,申请国有农用地的使用权登记的,参照本实施细则有关规定办理。

国有农场、草场申请国有未利用地登记的,依照前款规定办理。

第五十三条 国有林地使用权登记,应当提交有批准权的人民政府或者主管部门的批准文件,地上森林、林木一并登记。

第七节 海域使用权登记

第五十四条 依法取得海域使用权,可以单独申请海域使用权登记。

依法使用海域,在海域上建造建筑物、构筑物的,应当申请海域使用权及建筑物、构筑物所有权登记。

申请无居民海岛登记的,参照海域使用权登记有关规定办理。

第五十五条 申请海域使用权首次登记的,应当提交下列材料:

(一)项目用海批准文件或者海域使用权出让合同;

(二)宗海图以及界址点坐标;

(三)海域使用金缴纳或者减免凭证;

(四)其他必要材料。

第五十六条 有下列情形之一的,申请人应当持不动产权属证书、海域使用权变更的文件等材料,申请海域使用权变更登记:

(一)海域使用权人姓名或者名称改变的;

(二)海域坐落、名称发生变化的;

(三)改变海域使用位置、面积或者期限的;

(四)海域使用权续期的;

(五)共有性质变更的;

(六)法律、行政法规规定的其他情形。

第五十七条 有下列情形之一的,申请人可以申请海域使用权转移登记:

(一)因企业合并、分立或者与他人合资、合作经营、作价入股导致海域使用权转移的;

(二)依法转让、赠与、继承、受遗赠海域使用权的;

(三)因人民法院、仲裁委员会生效法律文书导致海域使用权转移的；

(四)法律、行政法规规定的其他情形。

第五十八条 申请海域使用权转移登记的,申请人应当提交下列材料：

(一)不动产权属证书；

(二)海域使用权转让合同、继承材料、生效法律文书等材料；

(三)转让批准取得的海域使用权,应当提交原批准用海的海洋行政主管部门批准转让的文件；

(四)依法需要补交海域使用金的,应当提交海域使用金缴纳的凭证；

(五)其他必要材料。

第五十九条 申请海域使用权注销登记的,申请人应当提交下列材料：

(一)原不动产权属证书；

(二)海域使用权消灭的材料；

(三)其他必要材料。

因围填海造地等导致海域灭失的,申请人应当在围填海造地等工程竣工后,依照本实施细则规定申请国有土地使用权登记,并办理海域使用权注销登记。

第八节 地役权登记

第六十条 按照约定设定地役权,当事人可以持需役地和供役地的不动产权属证书、地役权合同以及其他必要文件,申请地役权首次登记。

第六十一条 经依法登记的地役权发生下列情形之一的,当事人应当持地役权合同、不动产登记证明和证实变更的材料等必要材料,申请地役权变更登记：

(一)地役权当事人的姓名或者名称等发生变化；

(二)共有性质变更的；

(三)需役地或者供役地自然状况发生变化；

(四)地役权内容变更的；

（五）法律、行政法规规定的其他情形。

供役地分割转让办理登记，转让部分涉及地役权的，应当由受让人与地役权人一并申请地役权变更登记。

第六十二条 已经登记的地役权因土地承包经营权、建设用地使用权转让发生转移的，当事人应当持不动产登记证明、地役权转移合同等必要材料，申请地役权转移登记。

申请需役地转移登记的，或者需役地分割转让，转让部分涉及已登记的地役权的，当事人应当一并申请地役权转移登记，但当事人另有约定的除外。当事人拒绝一并申请地役权转移登记的，应当出具书面材料。不动产登记机构办理转移登记时，应当同时办理地役权注销登记。

第六十三条 已经登记的地役权，有下列情形之一的，当事人可以持不动产登记证明、证实地役权发生消灭的材料等必要材料，申请地役权注销登记：

（一）地役权期限届满；

（二）供役地、需役地归于同一人；

（三）供役地或者需役地灭失；

（四）人民法院、仲裁委员会的生效法律文书导致地役权消灭；

（五）依法解除地役权合同；

（六）其他导致地役权消灭的事由。

第六十四条 地役权登记，不动产登记机构应当将登记事项分别记载于需役地和供役地登记簿。

供役地、需役地分属不同不动产登记机构管辖的，当事人应当向供役地所在地的不动产登记机构申请地役权登记。供役地所在地不动产登记机构完成登记后，应当将相关事项通知需役地所在地不动产登记机构，并由其记载于需役地登记簿。

地役权设立后，办理首次登记前发生变更、转移的，当事人应当提交相关材料，就已经变更或者转移的地役权，直接申请首次登记。

第九节 抵押权登记

第六十五条 对下列财产进行抵押的,可以申请办理不动产抵押登记:

(一)建设用地使用权;

(二)建筑物和其他土地附着物;

(三)海域使用权;

(四)以招标、拍卖、公开协商等方式取得的荒地等土地承包经营权;

(五)正在建造的建筑物;

(六)法律、行政法规未禁止抵押的其他不动产。

以建设用地使用权、海域使用权抵押的,该土地、海域上的建筑物、构筑物一并抵押;以建筑物、构筑物抵押的,该建筑物、构筑物占用范围内的建设用地使用权、海域使用权一并抵押。

第六十六条 自然人、法人或者其他组织为保障其债权的实现,依法以不动产设定抵押的,可以由当事人持不动产权属证书、抵押合同与主债权合同等必要材料,共同申请办理抵押登记。

抵押合同可以是单独订立的书面合同,也可以是主债权合同中的抵押条款。

第六十七条 同一不动产上设立多个抵押权的,不动产登记机构应当按照受理时间的先后顺序依次办理登记,并记载于不动产登记簿。当事人对抵押权顺位另有约定的,从其规定办理登记。

第六十八条 有下列情形之一的,当事人应当持不动产权属证书、不动产登记证明、抵押权变更等必要材料,申请抵押权变更登记:

(一)抵押人、抵押权人的姓名或者名称变更的;

(二)被担保的主债权数额变更的;

(三)债务履行期限变更的;

(四)抵押权顺位变更的;

(五)法律、行政法规规定的其他情形。

因被担保债权主债权的种类及数额、担保范围、债务履行期限、抵押权顺位发生变更申请抵押权变更登记时，如果该抵押权的变更将对其他抵押权人产生不利影响的，还应当提交其他抵押权人书面同意的材料与身份证或者户口簿等材料。

第六十九条 因主债权转让导致抵押权转让的，当事人可以持不动产权属证书、不动产登记证明、被担保主债权的转让协议、债权人已经通知债务人的材料等相关材料，申请抵押权的转移登记。

第七十条 有下列情形之一的，当事人可以持不动产登记证明、抵押权消灭的材料等必要材料，申请抵押权注销登记：

（一）主债权消灭；

（二）抵押权已经实现；

（三）抵押权人放弃抵押权；

（四）法律、行政法规规定抵押权消灭的其他情形。

第七十一条 设立最高额抵押权的，当事人应当持不动产权属证书、最高额抵押合同与一定期间内将要连续发生的债权的合同或者其他登记原因材料等必要材料，申请最高额抵押权首次登记。

当事人申请最高额抵押权首次登记时，同意将最高额抵押权设立前已经存在的债权转入最高额抵押担保的债权范围的，还应当提交已存在债权的合同以及当事人同意将该债权纳入最高额抵押权担保范围的书面材料。

第七十二条 有下列情形之一的，当事人应当持不动产登记证明、最高额抵押权发生变更的材料等必要材料，申请最高额抵押权变更登记：

（一）抵押人、抵押权人的姓名或者名称变更的；

（二）债权范围变更的；

（三）最高债权额变更的；

（四）债权确定的期间变更的；

（五）抵押权顺位变更的；

（六）法律、行政法规规定的其他情形。

因最高债权额、债权范围、债务履行期限、债权确定的期间发生变更申请最高额抵押权变更登记时，如果该变更将对其他抵押权人产生不利影响的，当事人还应当提交其他抵押权人的书面同意文件与身份证或者户口簿等。

第七十三条 当发生导致最高额抵押权担保的债权被确定的事由，从而使最高额抵押权转变为一般抵押权时，当事人应当持不动产登记证明、最高额抵押权担保的债权已确定的材料等必要材料，申请办理确定最高额抵押权的登记。

第七十四条 最高额抵押权发生转移的，应当持不动产登记证明、部分债权转移的材料、当事人约定最高额抵押权随同部分债权的转让而转移的材料等必要材料，申请办理最高额抵押权转移登记。

债权人转让部分债权，当事人约定最高额抵押权随同部分债权的转让而转移的，应当分别申请下列登记：

（一）当事人约定原抵押权人与受让人共同享有最高额抵押权的，应当申请最高额抵押权的转移登记；

（二）当事人约定受让人享有一般抵押权、原抵押权人就扣减已转移的债权数额后继续享有最高额抵押权的，应当申请一般抵押权的首次登记以及最高额抵押权的变更登记；

（三）当事人约定原抵押权人不再享有最高额抵押权的，应当一并申请最高额抵押权确定登记以及一般抵押权转移登记。

最高额抵押权担保的债权确定前，债权人转让部分债权的，除当事人另有约定外，不动产登记机构不得办理最高额抵押权转移登记。

第七十五条 以建设用地使用权以及全部或者部分在建建筑物设定抵押的，应当一并申请建设用地使用权以及在建建筑物抵押权的首次登记。

当事人申请在建建筑物抵押权首次登记时，抵押财产不包括已经办理预告登记的预购商品房和已经办理预售备案的商品房。

前款规定的在建建筑物，是指正在建造、尚未办理所有权首次登记的房屋等建筑物。

第七十六条　申请在建建筑物抵押权首次登记的，当事人应当提交下列材料：

（一）抵押合同与主债权合同；

（二）享有建设用地使用权的不动产权属证书；

（三）建设工程规划许可证；

（四）其他必要材料。

第七十七条　在建建筑物抵押权变更、转移或者消灭的，当事人应当提交下列材料，申请变更登记、转移登记、注销登记：

（一）不动产登记证明；

（二）在建建筑物抵押权发生变更、转移或者消灭的材料；

（三）其他必要材料。

在建建筑物竣工，办理建筑物所有权首次登记时，当事人应当申请将在建建筑物抵押权登记转为建筑物抵押权登记。

第七十八条　申请预购商品房抵押登记，应当提交下列材料：

（一）抵押合同与主债权合同；

（二）预购商品房预告登记材料；

（三）其他必要材料。

预购商品房办理房屋所有权登记后，当事人应当申请将预购商品房抵押预告登记转为商品房抵押权首次登记。

第五章　其他登记

第一节　更正登记

第七十九条　权利人、利害关系人认为不动产登记簿记载的事项有错误，可以申请更正登记。

权利人申请更正登记的，应当提交下列材料：

(一)不动产权属证书;

(二)证实登记确有错误的材料;

(三)其他必要材料。

利害关系人申请更正登记的,应当提交利害关系材料、证实不动产登记簿记载错误的材料以及其他必要材料。

第八十条 不动产权利人或者利害关系人申请更正登记,不动产登记机构认为不动产登记簿记载确有错误的,应当予以更正;但在错误登记之后已经办理了涉及不动产权利处分的登记、预告登记和查封登记的除外。

不动产权属证书或者不动产登记证明填制错误以及不动产登记机构在办理更正登记中,需要更正不动产权属证书或者不动产登记证明内容的,应当书面通知权利人换发,并把换发不动产权属证书或者不动产登记证明的事项记载于登记簿。

不动产登记簿记载无误的,不动产登记机构不予更正,并书面通知申请人。

第八十一条 不动产登记机构发现不动产登记簿记载的事项错误,应当通知当事人在 30 个工作日内办理更正登记。当事人逾期不办理的,不动产登记机构应当在公告 15 个工作日后,依法予以更正;但在错误登记之后已经办理了涉及不动产权利处分的登记、预告登记和查封登记的除外。

第二节 异议登记

第八十二条 利害关系人认为不动产登记簿记载的事项错误,权利人不同意更正的,利害关系人可以申请异议登记。

利害关系人申请异议登记的,应当提交下列材料:

(一)证实对登记的不动产权利有利害关系的材料;

(二)证实不动产登记簿记载的事项错误的材料;

(三)其他必要材料。

第八十三条 不动产登记机构受理异议登记申请的,应当将异议事项记载于不动产登记簿,并向申请人出具异议登记证明。

异议登记申请人应当在异议登记之日起15日内,提交人民法院受理通知书、仲裁委员会受理通知书等提起诉讼、申请仲裁的材料;逾期不提交的,异议登记失效。

异议登记失效后,申请人就同一事项以同一理由再次申请异议登记的,不动产登记机构不予受理。

第八十四条 异议登记期间,不动产登记簿上记载的权利人以及第三人因处分权利申请登记的,不动产登记机构应当书面告知申请人该权利已经存在异议登记的有关事项。申请人申请继续办理的,应当予以办理,但申请人应当提供知悉异议登记存在并自担风险的书面承诺。

第三节 预 告 登 记

第八十五条 有下列情形之一的,当事人可以按照约定申请不动产预告登记:

(一)商品房等不动产预售的;

(二)不动产买卖、抵押的;

(三)以预购商品房设定抵押权的;

(四)法律、行政法规规定的其他情形。

预告登记生效期间,未经预告登记的权利人书面同意,处分该不动产权利申请登记的,不动产登记机构应当不予办理。

预告登记后,债权未消灭且自能够进行相应的不动产登记之日起3个月内,当事人申请不动产登记的,不动产登记机构应当按照预告登记事项办理相应的登记。

第八十六条 申请预购商品房的预告登记,应当提交下列材料:

(一)已备案的商品房预售合同;

(二)当事人关于预告登记的约定;

(三)其他必要材料。

预售人和预购人订立商品房买卖合同后,预售人未按照约定与预购人申请预告登记,预购人可以单方申请预告登记。

预购人单方申请预购商品房预告登记,预售人与预购人在商品房预售合同中对预告登记附有条件和期限的,预购人应当提交相应材料。

申请预告登记的商品房已经办理在建建筑物抵押权首次登记的,当事人应当一并申请在建建筑物抵押权注销登记,并提交不动产权属转移材料、不动产登记证明。不动产登记机构应当先办理在建建筑物抵押权注销登记,再办理预告登记。

第八十七条 申请不动产转移预告登记的,当事人应当提交下列材料:

(一)不动产转让合同;
(二)转让方的不动产权属证书;
(三)当事人关于预告登记的约定;
(四)其他必要材料。

第八十八条 抵押不动产,申请预告登记的,当事人应当提交下列材料:

(一)抵押合同与主债权合同;
(二)不动产权属证书;
(三)当事人关于预告登记的约定;
(四)其他必要材料。

第八十九条 预告登记未到期,有下列情形之一的,当事人可以持不动产登记证明、债权消灭或者权利人放弃预告登记的材料,以及法律、行政法规规定的其他必要材料申请注销预告登记:

(一)预告登记的权利人放弃预告登记的;
(二)债权消灭的;
(三)法律、行政法规规定的其他情形。

第四节 查封登记

第九十条 人民法院要求不动产登记机构办理查封登记的,应当提交下列材料：

（一）人民法院工作人员的工作证；

（二）协助执行通知书；

（三）其他必要材料。

第九十一条 两个以上人民法院查封同一不动产的，不动产登记机构应当为先送达协助执行通知书的人民法院办理查封登记，对后送达协助执行通知书的人民法院办理轮候查封登记。

轮候查封登记的顺序按照人民法院协助执行通知书送达不动产登记机构的时间先后进行排列。

第九十二条 查封期间，人民法院解除查封的，不动产登记机构应当及时根据人民法院协助执行通知书注销查封登记。

不动产查封期限届满，人民法院未续封的，查封登记失效。

第九十三条 人民检察院等其他国家有权机关依法要求不动产登记机构办理查封登记的，参照本节规定办理。

第六章 不动产登记资料的查询、保护和利用

第九十四条 不动产登记资料包括：

（一）不动产登记簿等不动产登记结果；

（二）不动产登记原始资料，包括不动产登记申请书、申请人身份材料、不动产权属来源、登记原因、不动产权籍调查成果等材料以及不动产登记机构审核材料。

不动产登记资料由不动产登记机构管理。不动产登记机构应当建立不动产登记资料管理制度以及信息安全保密制度，建设符合不动产登记资料安全保护标准的不动产登记资料存放场所。

不动产登记资料中属于归档范围的，按照相关法律、行政法规的规定进行归档管理，具体办法由自然资源部会同国家档案主管部门另行制定。

第九十五条 不动产登记机构应当加强不动产登记信息化建设，按照

统一的不动产登记信息管理基础平台建设要求和技术标准,做好数据整合、系统建设和信息服务等工作,加强不动产登记信息产品开发和技术创新,提高不动产登记的社会综合效益。

各级不动产登记机构应当采取措施保障不动产登记信息安全。任何单位和个人不得泄露不动产登记信息。

第九十六条 不动产登记机构、不动产交易机构建立不动产登记信息与交易信息互联共享机制,确保不动产登记与交易有序衔接。

不动产交易机构应当将不动产交易信息及时提供给不动产登记机构。不动产登记机构完成登记后,应当将登记信息及时提供给不动产交易机构。

第九十七条 国家实行不动产登记资料依法查询制度。

权利人、利害关系人按照《条例》第二十七条规定依法查询、复制不动产登记资料的,应当到具体办理不动产登记的不动产登记机构申请。

权利人可以查询、复制其不动产登记资料。

因不动产交易、继承、诉讼等涉及的利害关系人可以查询、复制不动产自然状况、权利人及其不动产查封、抵押、预告登记、异议登记等状况。

人民法院、人民检察院、国家安全机关、监察机关等可以依法查询、复制与调查和处理事项有关的不动产登记资料。

其他有关国家机关执行公务依法查询、复制不动产登记资料的,依照本条规定办理。

涉及国家秘密的不动产登记资料的查询,按照保守国家秘密法的有关规定执行。

第九十八条 权利人、利害关系人申请查询、复制不动产登记资料应当提交下列材料:

(一)查询申请书;

(二)查询目的的说明;

(三)申请人的身份材料;

(四)利害关系人查询的,提交证实存在利害关系的材料。

权利人、利害关系人委托他人代为查询的,还应当提交代理人的身份证明材料、授权委托书。权利人查询其不动产登记资料无需提供查询目的的说明。

有关国家机关查询的,应当提供本单位出具的协助查询材料、工作人员的工作证。

第九十九条 有下列情形之一的,不动产登记机构不予查询,并书面告知理由:

(一)申请查询的不动产不属于不动产登记机构管辖范围的;
(二)查询人提交的申请材料不符合规定的;
(三)申请查询的主体或者查询事项不符合规定的;
(四)申请查询的目的不合法的;
(五)法律、行政法规规定的其他情形。

第一百条 对符合本实施细则规定的查询申请,不动产登记机构应当当场提供查询;因情况特殊,不能当场提供查询的,应当在5个工作日内提供查询。

第一百零一条 查询人查询不动产登记资料,应当在不动产登记机构设定的场所进行。

不动产登记原始资料不得带离设定的场所。

查询人在查询时应当保持不动产登记资料的完好,严禁遗失、拆散、调换、抽取、污损登记资料,也不得损坏查询设备。

第一百零二条 查询人可以查阅、抄录不动产登记资料。查询人要求复制不动产登记资料的,不动产登记机构应当提供复制。

查询人要求出具查询结果证明的,不动产登记机构应当出具查询结果证明。查询结果证明应注明查询目的及日期,并加盖不动产登记机构查询专用章。

第七章 法律责任

第一百零三条 不动产登记机构工作人员违反本实施细则规定,有下

列行为之一,依法给予处分;构成犯罪的,依法追究刑事责任:

(一)对符合登记条件的登记申请不予登记,对不符合登记条件的登记申请予以登记;

(二)擅自复制、篡改、毁损、伪造不动产登记簿;

(三)泄露不动产登记资料、登记信息;

(四)无正当理由拒绝申请人查询、复制登记资料;

(五)强制要求权利人更换新的权属证书。

第一百零四条 当事人违反本实施细则规定,有下列行为之一,构成违反治安管理行为的,依法给予治安管理处罚;给他人造成损失的,依法承担赔偿责任;构成犯罪的,依法追究刑事责任:

(一)采用提供虚假材料等欺骗手段申请登记;

(二)采用欺骗手段申请查询、复制登记资料;

(三)违反国家规定,泄露不动产登记资料、登记信息;

(四)查询人遗失、拆散、调换、抽取、污损登记资料的;

(五)擅自将不动产登记资料带离查询场所、损坏查询设备的。

第八章 附 则

第一百零五条 本实施细则施行前,依法核发的各类不动产权属证书继续有效。不动产权利未发生变更、转移的,不动产登记机构不得强制要求不动产权利人更换不动产权属证书。

不动产登记过渡期内,农业部会同自然资源部等部门负责指导农村土地承包经营权的统一登记工作,按照农业部有关规定办理耕地的土地承包经营权登记。不动产登记过渡期后,由自然资源部负责指导农村土地承包经营权登记工作。

第一百零六条 不动产信托依法需要登记的,由自然资源部会同有关部门另行规定。

第一百零七条 军队不动产登记,其申请材料经军队不动产主管部门审核后,按照本实施细则规定办理。

第一百零八条 自然资源部委托北京市规划和自然资源委员会直接办理在京中央国家机关的不动产登记。

在京中央国家机关申请不动产登记时,应当提交《不动产登记暂行条例》及本实施细则规定的材料和有关机关事务管理局出具的不动产登记审核意见。不动产权属资料不齐全的,还应当提交由有关机关事务管理局确认盖章的不动产权属来源说明函。不动产权籍调查由有关机关事务管理局会同北京市规划和自然资源委员会组织进行的,还应当提交申请登记不动产单元的不动产权籍调查资料。

北京市规划和自然资源委员会办理在京中央国家机关不动产登记时,应当使用自然资源部制发的"自然资源部不动产登记专用章"。

第一百零九条 本实施细则自公布之日起施行。

农村土地承包合同管理办法

(2023年2月17日农业农村部令2023年第1号公布
自2023年5月1日起施行)

第一章 总 则

第一条 为了规范农村土地承包合同的管理,维护承包合同当事人的合法权益,维护农村社会和谐稳定,根据《中华人民共和国农村土地承包法》

等法律及有关规定,制定本办法。

第二条 农村土地承包经营应当巩固和完善以家庭承包经营为基础、统分结合的双层经营体制,保持农村土地承包关系稳定并长久不变。农村土地承包经营,不得改变土地的所有权性质。

第三条 农村土地承包经营应当依法签订承包合同。土地承包经营权自承包合同生效时设立。

承包合同订立、变更和终止的,应当开展土地承包经营权调查。

第四条 农村土地承包合同管理应当遵守法律、法规,保护土地资源的合理开发和可持续利用,依法落实耕地利用优先序。发包方和承包方应当依法履行保护农村土地的义务。

第五条 农村土地承包合同管理应当充分维护农民的财产权益,任何组织和个人不得剥夺和非法限制农村集体经济组织成员承包土地的权利。妇女与男子享有平等的承包农村土地的权利。

承包方承包土地后,享有土地承包经营权,可以自己经营,也可以保留土地承包权,流转其承包地的土地经营权,由他人经营。

第六条 农业农村部负责全国农村土地承包合同管理的指导。

县级以上地方人民政府农业农村主管(农村经营管理)部门负责本行政区域内农村土地承包合同管理。

乡(镇)人民政府负责本行政区域内农村土地承包合同管理。

第二章 承包方案

第七条 本集体经济组织成员的村民会议依法选举产生的承包工作小组,应当依照法律、法规的规定拟订承包方案,并在本集体经济组织范围内公示不少于十五日。

承包方案应当依法经本集体经济组织成员的村民会议三分之二以上成员或者三分之二以上村民代表的同意。

承包方案由承包工作小组公开组织实施。

第八条 承包方案应当符合下列要求：

（一）内容合法；

（二）程序规范；

（三）保障农村集体经济组织成员合法权益；

（四）不得违法收回、调整承包地；

（五）法律、法规和规章规定的其他要求。

第九条 县级以上地方人民政府农业农村主管（农村经营管理）部门、乡（镇）人民政府农村土地承包管理部门应当指导制定承包方案，并对承包方案的实施进行监督，发现问题的，应当及时予以纠正。

第三章 承包合同的订立、变更和终止

第十条 承包合同应当符合下列要求：

（一）文本规范；

（二）内容合法；

（三）双方当事人签名、盖章或者按指印；

（四）法律、法规和规章规定的其他要求。

县级以上地方人民政府农业农村主管（农村经营管理）部门、乡（镇）人民政府农村土地承包管理部门应当依法指导发包方和承包方订立、变更或者终止承包合同，并对承包合同实施监督，发现不符合前款要求的，应当及时通知发包方更正。

第十一条 发包方和承包方应当采取书面形式签订承包合同。

承包合同一般包括以下条款：

（一）发包方、承包方的名称，发包方负责人和承包方代表的姓名、住所；

（二）承包土地的名称、坐落、面积、质量等级；

（三）承包方家庭成员信息；

（四）承包期限和起止日期；

（五）承包土地的用途；

(六)发包方和承包方的权利和义务;

(七)违约责任。

承包合同示范文本由农业农村部制定。

第十二条 承包合同自双方当事人签名、盖章或者按指印时成立。

第十三条 承包期内,出现下列情形之一的,承包合同变更:

(一)承包方依法分立或者合并的;

(二)发包方依法调整承包地的;

(三)承包方自愿交回部分承包地的;

(四)土地承包经营权互换的;

(五)土地承包经营权部分转让的;

(六)承包地被部分征收的;

(七)法律、法规和规章规定的其他情形。

承包合同变更的,变更后的承包期限不得超过承包期的剩余期限。

第十四条 承包期内,出现下列情形之一的,承包合同终止:

(一)承包方消亡的;

(二)承包方自愿交回全部承包地的;

(三)土地承包经营权全部转让的;

(四)承包地被全部征收的;

(五)法律、法规和规章规定的其他情形。

第十五条 承包地被征收、发包方依法调整承包地或者承包方消亡的,发包方应当变更或者终止承包合同。

除前款规定的情形外,承包合同变更、终止的,承包方向发包方提出申请,并提交以下材料:

(一)变更、终止承包合同的书面申请;

(二)原承包合同;

(三)承包方分立或者合并的协议,交回承包地的书面通知或者协议,土地承包经营权互换合同、转让合同等其他相关证明材料;

(四)具有土地承包经营权的全部家庭成员同意变更、终止承包合同的书面材料；

(五)法律、法规和规章规定的其他材料。

第十六条 省级人民政府农业农村主管部门可以根据本行政区域实际依法制定承包方分立、合并、消亡而导致承包合同变更、终止的具体规定。

第十七条 承包期内，因自然灾害严重毁损承包地等特殊情形对个别农户之间承包地需要适当调整的，发包方应当制定承包地调整方案，并应当经本集体经济组织成员的村民会议三分之二以上成员或者三分之二以上村民代表的同意。承包合同中约定不得调整的，按照其约定。

调整方案通过之日起二十个工作日内，发包方应当将调整方案报乡(镇)人民政府和县级人民政府农业农村主管(农村经营管理)部门批准。

乡(镇)人民政府应当于二十个工作日内完成调整方案的审批，并报县级人民政府农业农村主管(农村经营管理)部门；县级人民政府农业农村主管(农村经营管理)部门应当于二十个工作日内完成调整方案的审批。乡(镇)人民政府、县级人民政府农业农村主管(农村经营管理)部门对违反法律、法规和规章规定的调整方案，应当及时通知发包方予以更正，并重新申请批准。

调整方案未经乡(镇)人民政府和县级人民政府农业农村主管(农村经营管理)部门批准的，发包方不得调整承包地。

第十八条 承包方自愿将部分或者全部承包地交回发包方的，承包方与发包方在该土地上的承包关系终止，承包期内其土地承包经营权部分或者全部消灭，并不得再要求承包土地。

承包方自愿交回承包地的，应当提前半年以书面形式通知发包方。承包方对其在承包地上投入而提高土地生产能力的，有权获得相应的补偿。交回承包地的其他补偿，由发包方和承包方协商确定。

第十九条 为了方便耕种或者各自需要，承包方之间可以互换属于同一集体经济组织的不同承包地块的土地承包经营权。

土地承包经营权互换的,应当签订书面合同,并向发包方备案。

承包方提交备案的互换合同,应符合下列要求:

(一)互换双方是属于同一集体经济组织的农户;

(二)互换后的承包期限不超过承包期的剩余期限;

(三)法律、法规和规章规定的其他事项。

互换合同备案后,互换双方应当与发包方变更承包合同。

第二十条 经承包方申请和发包方同意,承包方可以将部分或者全部土地承包经营权转让给本集体经济组织的其他农户。

承包方转让土地承包经营权的,应当以书面形式向发包方提交申请。发包方同意转让的,承包方与受让方应当签订书面合同;发包方不同意转让的,应当于七日内向承包方书面说明理由。发包方无法定理由的,不得拒绝同意承包方的转让申请。未经发包方同意的,土地承包经营权转让合同无效。

土地承包经营权转让合同,应当符合下列要求:

(一)受让方是本集体经济组织的农户;

(二)转让后的承包期限不超过承包期的剩余期限;

(三)法律、法规和规章规定的其他事项。

土地承包经营权转让后,受让方应当与发包方签订承包合同。原承包方与发包方在该土地上的承包关系终止,承包期内其土地承包经营权部分或者全部消灭,并不得再要求承包土地。

第四章 承包档案和信息管理

第二十一条 承包合同管理工作中形成的,对国家、社会和个人有保存价值的文字、图表、声像、数据等各种形式和载体的材料,应当纳入农村土地承包档案管理。

县级以上地方人民政府农业农村主管(农村经营管理)部门、乡(镇)人民政府农村土地承包管理部门应当制定工作方案、健全档案工作管理制度、落实专项经费、指定工作人员、配备必要设施设备,确保农村土地承包档案完整与安全。

发包方应当将农村土地承包档案纳入村级档案管理。

第二十二条　承包合同管理工作中产生、使用和保管的数据,包括承包地权属数据、地理信息数据和其他相关数据等,应当纳入农村土地承包数据管理。

县级以上地方人民政府农业农村主管(农村经营管理)部门负责本行政区域内农村土地承包数据的管理,组织开展数据采集、使用、更新、保管和保密等工作,并向上级业务主管部门提交数据。

鼓励县级以上地方人民政府农业农村主管(农村经营管理)部门通过数据交换接口、数据抄送等方式与相关部门和机构实现承包合同数据互通共享,并明确使用、保管和保密责任。

第二十三条　县级以上地方人民政府农业农村主管(农村经营管理)部门应当加强农村土地承包合同管理信息化建设,按照统一标准和技术规范建立国家、省、市、县等互联互通的农村土地承包信息应用平台。

第二十四条　县级以上地方人民政府农业农村主管(农村经营管理)部门、乡(镇)人民政府农村土地承包管理部门应当利用农村土地承包信息应用平台,组织开展承包合同网签。

第二十五条　承包方、利害关系人有权依法查询、复制农村土地承包档案和农村土地承包数据的相关资料,发包方、乡(镇)人民政府农村土地承包管理部门、县级以上地方人民政府农业农村主管(农村经营管理)部门应当依法提供。

第五章　土地承包经营权调查

第二十六条　土地承包经营权调查,应当查清发包方、承包方的名称,发包方负责人和承包方代表的姓名、身份证号码、住所,承包方家庭成员,承包地块的名称、坐落、面积、质量等级、土地用途等信息。

第二十七条 土地承包经营权调查应当按照农村土地承包经营权调查规程实施，一般包括准备工作、权属调查、地块测量、审核公示、勘误修正、结果确认、信息入库、成果归档等。

农村土地承包经营权调查规程由农业农村部制定。

第二十八条 土地承包经营权调查的成果，应当符合农村土地承包经营权调查规程的质量要求，并纳入农村土地承包信息应用平台统一管理。

第二十九条 县级以上地方人民政府农业农村主管（农村经营管理）部门、乡（镇）人民政府农村土地承包管理部门依法组织开展本行政区域内的土地承包经营权调查。

土地承包经营权调查可以依法聘请具有相应资质的单位开展。

第六章 法律责任

第三十条 国家机关及其工作人员利用职权干涉承包合同的订立、变更、终止，给承包方造成损失的，应当依法承担损害赔偿等责任；情节严重的，由上级机关或者所在单位给予直接责任人员处分；构成犯罪的，依法追究刑事责任。

第三十一条 土地承包经营权调查、农村土地承包档案管理、农村土地承包数据管理和使用过程中发生的违法行为，根据相关法律法规的规定予以处罚；构成犯罪的，依法追究刑事责任。

第七章 附 则

第三十二条 本办法所称农村土地，是指除林地、草地以外的，农民集体所有和国家所有依法由农民集体使用的耕地和其他依法用于农业的土地。

本办法所称承包合同，是指在家庭承包方式中，发包方和承包方依法签订的土地承包经营权合同。

第三十三条 本办法施行以前依法签订的承包合同继续有效。

第三十四条 本办法自 2023 年 5 月 1 日起施行。农业部 2003 年 11 月 14 日发布的《中华人民共和国农村土地承包经营权证管理办法》(农业部令第 33 号)同时废止。

二、流 转 管 理

农村土地经营权流转管理办法

(2021 年 1 月 26 日农业农村部令 2021 年第 1 号公布
自 2021 年 3 月 1 日起施行)

第一章 总 则

第一条 为了规范农村土地经营权(以下简称土地经营权)流转行为,保障流转当事人合法权益,加快农业农村现代化,维护农村社会和谐稳定,根据《中华人民共和国农村土地承包法》等法律及有关规定,制定本办法。

第二条 土地经营权流转应当坚持农村土地农民集体所有、农户家庭承包经营的基本制度,保持农村土地承包关系稳定并长久不变,遵循依法、自愿、有偿原则,任何组织和个人不得强迫或者阻碍承包方流转土地经营权。

第三条 土地经营权流转不得损害农村集体经济组织和利害关系人的合法权益,不得破坏农业综合生产能力和农业生态环境,不得改变承包土地的所有权性质及其农业用途,确保农地农用,优先用于粮食生产,制止耕地"非农化"、防止耕地"非粮化"。

第四条　土地经营权流转应当因地制宜、循序渐进,把握好流转、集中、规模经营的度,流转规模应当与城镇化进程和农村劳动力转移规模相适应,与农业科技进步和生产手段改进程度相适应,与农业社会化服务水平提高相适应,鼓励各地建立多种形式的土地经营权流转风险防范和保障机制。

第五条　农业农村部负责全国土地经营权流转及流转合同管理的指导。

县级以上地方人民政府农业农村主管(农村经营管理)部门依照职责,负责本行政区域内土地经营权流转及流转合同管理。

乡(镇)人民政府负责本行政区域内土地经营权流转及流转合同管理。

第二章　流转当事人

第六条　承包方在承包期限内有权依法自主决定土地经营权是否流转,以及流转对象、方式、期限等。

第七条　土地经营权流转收益归承包方所有,任何组织和个人不得擅自截留、扣缴。

第八条　承包方自愿委托发包方、中介组织或者他人流转其土地经营权的,应当由承包方出具流转委托书。委托书应当载明委托的事项、权限和期限等,并由委托人和受托人签字或者盖章。

没有承包方的书面委托,任何组织和个人无权以任何方式决定流转承包方的土地经营权。

第九条　土地经营权流转的受让方应当为具有农业经营能力或者资质的组织和个人。在同等条件下,本集体经济组织成员享有优先权。

第十条　土地经营权流转的方式、期限、价款和具体条件,由流转双方平等协商确定。流转期限届满后,受让方享有以同等条件优先续约的权利。

第十一条　受让方应当依照有关法律法规保护土地,禁止改变土地的农业用途。禁止闲置、荒芜耕地,禁止占用耕地建窑、建坟或者擅自在耕地上建房、挖砂、采石、采矿、取土等。禁止占用永久基本农田发展林果业和挖塘养鱼。

第十二条　受让方将流转取得的土地经营权再流转以及向金融机构融资担保的,应当事先取得承包方书面同意,并向发包方备案。

第十三条　经承包方同意,受让方依法投资改良土壤,建设农业生产附属、配套设施,及农业生产中直接用于作物种植和畜禽水产养殖设施的,土地经营权流转合同到期或者未到期由承包方依法提前收回承包土地时,受让方有权获得合理补偿。具体补偿办法可在土地经营权流转合同中约定或者由双方协商确定。

第三章　流转方式

第十四条　承包方可以采取出租(转包)、入股或者其他符合有关法律和国家政策规定的方式流转土地经营权。

出租(转包),是指承包方将部分或者全部土地经营权,租赁给他人从事农业生产经营。

入股,是指承包方将部分或者全部土地经营权作价出资,成为公司、合作经济组织等股东或者成员,并用于农业生产经营。

第十五条　承包方依法采取出租(转包)、入股或者其他方式将土地经营权部分或者全部流转的,承包方与发包方的承包关系不变,双方享有的权利和承担的义务不变。

第十六条　承包方自愿将土地经营权入股公司发展农业产业化经营的,可以采取优先股等方式降低承包方风险。公司解散时入股土地应当退回原承包方。

第四章　流转合同

第十七条　承包方流转土地经营权,应当与受让方在协商一致的基础上签订书面流转合同,并向发包方备案。

承包方将土地交由他人代耕不超过一年的,可以不签订书面合同。

第十八条 承包方委托发包方、中介组织或者他人流转土地经营权的,流转合同应当由承包方或者其书面委托的受托人签订。

第十九条 土地经营权流转合同一般包括以下内容:

(一)双方当事人的姓名或者名称、住所、联系方式等;

(二)流转土地的名称、四至、面积、质量等级、土地类型、地块代码等;

(三)流转的期限和起止日期;

(四)流转方式;

(五)流转土地的用途;

(六)双方当事人的权利和义务;

(七)流转价款或者股份分红,以及支付方式和支付时间;

(八)合同到期后地上附着物及相关设施的处理;

(九)土地被依法征收、征用、占用时有关补偿费的归属;

(十)违约责任。

土地经营权流转合同示范文本由农业农村部制定。

第二十条 承包方不得单方解除土地经营权流转合同,但受让方有下列情形之一的除外:

(一)擅自改变土地的农业用途;

(二)弃耕抛荒连续两年以上;

(三)给土地造成严重损害或者严重破坏土地生态环境;

(四)其他严重违约行为。

有以上情形,承包方在合理期限内不解除土地经营权流转合同的,发包方有权要求终止土地经营权流转合同。

受让方对土地和土地生态环境造成的损害应当依法予以赔偿。

第五章 流 转 管 理

第二十一条 发包方对承包方流转土地经营权、受让方再流转土地经营权以及承包方、受让方利用土地经营权融资担保的,应当办理备案,并报告乡(镇)人民政府农村土地承包管理部门。

第二十二条 乡(镇)人民政府农村土地承包管理部门应当向达成流转意向的双方提供统一文本格式的流转合同,并指导签订。流转合同中有违反法律法规的,应当及时予以纠正。

第二十三条 乡(镇)人民政府农村土地承包管理部门应当建立土地经营权流转台账,及时准确记载流转情况。

第二十四条 乡(镇)人民政府农村土地承包管理部门应当对土地经营权流转有关文件、资料及流转合同等进行归档并妥善保管。

第二十五条 鼓励各地建立土地经营权流转市场或者农村产权交易市场。县级以上地方人民政府农业农村主管(农村经营管理)部门应当加强业务指导,督促其建立健全运行规则,规范开展土地经营权流转政策咨询、信息发布、合同签订、交易鉴证、权益评估、融资担保、档案管理等服务。

第二十六条 县级以上地方人民政府农业农村主管(农村经营管理)部门应当按照统一标准和技术规范建立国家、省、市、县等互联互通的农村土地承包信息应用平台,健全土地经营权流转合同网签制度,提升土地经营权流转规范化、信息化管理水平。

第二十七条 县级以上地方人民政府农业农村主管(农村经营管理)部门应当加强对乡(镇)人民政府农村土地承包管理部门工作的指导。乡(镇)人民政府农村土地承包管理部门应当依法开展土地经营权流转的指导和管理工作。

第二十八条 县级以上地方人民政府农业农村主管(农村经营管理)部门应当加强服务,鼓励受让方发展粮食生产;鼓励和引导工商企业等社会资本(包括法人、非法人组织或者自然人等)发展适合企业化经营的现代种养业。

县级以上地方人民政府农业农村主管(农村经营管理)部门应当根据自然经济条件、农村劳动力转移情况、农业机械化水平等因素,引导受让方发展适度规模经营,防止垒大户。

第二十九条　县级以上地方人民政府对工商企业等社会资本流转土地经营权,依法建立分级资格审查和项目审核制度。审查审核的一般程序如下:

(一)受让主体与承包方就流转面积、期限、价款等进行协商并签订流转意向协议书。涉及未承包到户集体土地等集体资源的,应当按照法定程序经本集体经济组织成员的村民会议三分之二以上成员或者三分之二以上村民代表的同意,并与集体经济组织签订流转意向协议书。

(二)受让主体按照分级审查审核规定,分别向乡(镇)人民政府农村土地承包管理部门或者县级以上地方人民政府农业农村主管(农村经营管理)部门提出申请,并提交流转意向协议书、农业经营能力或者资质证明、流转项目规划等相关材料。

(三)县级以上地方人民政府或者乡(镇)人民政府应当依法组织相关职能部门、农村集体经济组织代表、农民代表、专家等就土地用途、受让主体农业经营能力,以及经营项目是否符合粮食生产等产业规划等进行审查审核,并于受理之日起20个工作日内作出审查审核意见。

(四)审查审核通过的,受让主体与承包方签订土地经营权流转合同。未按规定提交审查审核申请或者审查审核未通过的,不得开展土地经营权流转活动。

第三十条　县级以上地方人民政府依法建立工商企业等社会资本通过流转取得土地经营权的风险防范制度,加强事中事后监管,及时查处纠正违法违规行为。

鼓励承包方和受让方在土地经营权流转市场或者农村产权交易市场公开交易。

对整村(组)土地经营权流转面积较大、涉及农户较多、经营风险较高的项目,流转双方可以协商设立风险保障金。

鼓励保险机构为土地经营权流转提供流转履约保证保险等多种形式保

险服务。

第三十一条　农村集体经济组织为工商企业等社会资本流转土地经营权提供服务的,可以收取适量管理费用。收取管理费用的金额和方式应当由农村集体经济组织、承包方和工商企业等社会资本三方协商确定。管理费用应当纳入农村集体经济组织会计核算和财务管理,主要用于农田基本建设或者其他公益性支出。

第三十二条　县级以上地方人民政府可以根据本办法,结合本行政区域实际,制定工商企业等社会资本通过流转取得土地经营权的资格审查、项目审核和风险防范实施细则。

第三十三条　土地经营权流转发生争议或者纠纷的,当事人可以协商解决,也可以请求村民委员会、乡(镇)人民政府等进行调解。

当事人不愿意协商、调解或者协商、调解不成的,可以向农村土地承包仲裁机构申请仲裁,也可以直接向人民法院提起诉讼。

第六章　附　　则

第三十四条　本办法所称农村土地,是指除林地、草地以外的,农民集体所有和国家所有依法由农民集体使用的耕地和其他用于农业的土地。

本办法所称农村土地经营权流转,是指在承包方与发包方承包关系保持不变的前提下,承包方依法在一定期限内将土地经营权部分或者全部交由他人自主开展农业生产经营的行为。

第三十五条　通过招标、拍卖和公开协商等方式承包荒山、荒沟、荒丘、荒滩等农村土地,经依法登记取得权属证书的,可以流转土地经营权,其流转管理参照本办法执行。

第三十六条　本办法自2021年3月1日起施行。农业部2005年1月19日发布的《农村土地承包经营权流转管理办法》(农业部令第47号)同时废止。

农村土地经营权流转交易市场运行规范(试行)

(2016年6月29日农业部印发 农经发〔2016〕9号)

为加强对农村土地经营权流转交易市场的工作指导,依法推进土地经营权有序流转,依据《农村土地承包法》《农村土地承包经营权流转管理办法》《农村土地承包经营权证管理办法》等法律、规章及相关政策,制定本规范。

第一条 在农村土地经营权流转交易市场内,进行农村土地经营权流转交易的,适用本规范。

本规范所指农村土地经营权流转交易市场,是指为农村土地经营权依法流转交易提供服务的平台,主要包括农村土地经营权流转服务中心、农村集体资产管理交易中心、农村产权交易中心(所)等。

第二条 农村土地经营权流转交易应具备以下条件:

(一)权属清晰无争议;

(二)交易双方必须是具有完全民事权利能力和民事行为能力的自然人、法人或其他组织,且有流转交易的真实意愿;

(三)流出方必须是产权权利人,或者受产权权利人委托的组织或个人;

(四)流转交易要符合法律法规和环境保护规划、农业产业发展规划、土地利用总体规划和城乡一体化建设规划等政策规定。

第三条 农村土地经营权流转交易市场的交易品种包括:

（一）家庭承包方式取得的土地经营权；

（二）其他承包方式取得的土地经营权；

（三）集体经济组织未发包的土地经营权；

（四）其他依法可流转交易的土地经营权。

第四条 农村集体经济组织、承包农户、家庭农场、专业大户、农民专业合作社、农业企业等各类农业经营主体，以及具备农业生产经营能力的其他组织或个人均可以依法在农村土地经营权流转交易市场进行交易。

第五条 流出方在农村土地经营权流转交易市场进行交易，应提交以下材料：

（一）家庭承包方式取得的土地经营权：

1.身份证明；

2.《农村土地承包经营权证》；

3.农村集体经济组织或中介组织（个人）受托流转承包土地的，应当提供书面委托书；

4.土地情况介绍书（主要包括土地位置、四至、面积、质量等级、利用现状、预期价格、流转方式、流转用途等内容）；

5.农村土地经营权流转交易市场要求提供的其他材料。

（二）其他承包方式取得的土地经营权：

1.身份证明；

2.《农村土地承包经营权证》或其他权属证明材料；

3.土地情况介绍书（主要包括土地位置、四至、面积、质量等级、利用现状、预期价格、流转方式、流转用途等内容）；

4.农村土地经营权流转交易市场要求提供的其他材料。

（三）农村集体经济组织未发包的土地经营权：

1.农村集体经济组织主体资格证明材料；

2.具体承办人的身份证明；

3.集体土地所有权权属证明材料；

4.农村集体经济组织成员的村民会议三分之二以上成员或者三分之二以上村民代表签署同意流转土地的书面证明；

5.土地情况介绍书（主要包括土地位置、四至、面积、质量等级、利用现状、预期价格及作价依据、流转方式、流转用途等内容）；

6.农村土地经营权流转交易市场要求提供的其他材料。

（四）其他依法可流转交易的土地经营权参照以上情形，按农村土地经营权流转交易市场要求提供相关材料。

第六条 流入方在农村土地经营权流转交易市场进行交易，应提交以下材料：

（一）身份证明等主体资格证明材料；

（二）流入申请（主要包括流入土地的用途、面积、期限等内容）；

（三）流入土地超过当地规定标准的，需提供农业经营能力等证明，项目可行性报告，以及有权批准机构准予流转交易的证明；

（四）农村土地经营权流转交易市场要求提供的其他材料。

第七条 交易双方应当对所提交材料的真实性、完整性、合法性、有效性负责。

第八条 流出方和流入方与农村土地经营权流转交易市场签署流转交易服务协议，明确农村土地经营权流转交易市场提供的服务内容及协议双方的权利、义务。

第九条 农村土地经营权流转交易市场公开发布供求信息。信息主要包括以下内容：

（一）流转土地的基本情况（主要包括土地位置、四至、面积、质量等级、利用现状、预期价格、流转方式、流转用途等内容）；

（二）流出方或流入方的基本情况和相关条件；

（三）需要公布的其他事项。

第十条 土地经营权流转信息的发布公示期限不少于10个工作日。同一宗土地的经营权再次流转交易须设定间隔期限。在公示期限内，如出现重大变化,应及时发布变更信息,并重新计算公示期限。公示期结束后,农村土地经营权流转市场组织交易。

第十一条 土地经营权流出方或流入方可以委托具有资质的评估机构对土地经营权流转交易价格进行评估。

第十二条 集体经济组织未发包的土地经营权流转交易底价应当由农民集体民主协商决定。

第十三条 交易双方应参照土地经营权流转交易合同示范文本订立合同,主要包括以下内容:

(一)双方的基本信息;

(二)流转土地的四至、坐落、面积、质量等级;

(三)流转的期限和起止日期;

(四)流转土地的用途;

(五)流转价款及支付方式;

(六)合同到期后地上附着物及相关设施的处理;

(七)双方的权利和义务;

(八)双方的违约责任、争议解决方式、合同变更和解除的条件;

(九)双方认为需要约定的其他事项。

第十四条 流转交易合同到期后,流入方在同等条件下可优先续约。

第十五条 按照农村土地经营权流转交易市场的相关要求,流转交易双方签订合同后,可以获得农村土地经营权流转交易市场提供的流转交易鉴证。

第十六条 农村土地经营权流转交易鉴证应载明如下事项:

(一)项目编号;

(二)签约日期;

(三)流出方及委托人全称;

(四)流入方及委托人全称;

(五)合同期限和起止日期;

(六)成交金额;

(七)支付方式;

(八)其他事项。

第十七条 交易过程中,交易双方合同签订前,有以下情形之一的,经流出方、流入方或者第三方提出申请,农村土地经营权流转交易市场确认后,可以中止交易:

(一)农村土地经营权存在权属争议且尚未解决的;

(二)因不可抗力致使交易活动不能按约定的期限和程序进行的;

(三)其他情况导致交易中止的。

第十八条 交易过程中,交易双方合同签订前,有以下情形之一的,农村土地经营权流转交易市场可以终止交易:

(一)中止交易后未能消除影响交易中止的因素导致交易无法继续进行的;

(二)人民法院、仲裁机构等单位依法发出终止交易书面通知的;

(三)其他需要终止交易的。

第十九条 经有权机关授权,农村土地经营权流转交易市场可以开展土地经营权抵押登记。

第二十条 土地经营权抵押人向农村土地经营权流转交易市场提出抵押登记申请的,应提供以下材料:

(一)农村土地经营权抵押申请;

(二)抵押登记申请人身份证明,法人和其他组织还需提供统一社会信用代码、工商营业执照副本或其他证明材料;

(三)相关方同意土地经营权用于抵押和合法再流转的证明;

(四)土地经营权权属证明材料或土地经营权流转交易鉴证;

(五)农村土地经营权流转交易市场要求提供的其他材料。

第二十一条 农村土地经营权流转交易市场应当将交易过程中形成的文字、图片等相关资料妥善保存,建立健全档案管理制度。

第二十二条 相关权利人可以获得档案信息查询服务,农村土地经营权流转交易市场在提供档案查询服务时,不得损害国家安全和利益,不得损害社会和其他组织的利益,不得侵犯他人合法权益。

第二十三条 农村土地经营权流转交易市场应交易双方要求,可以组织提供法律咨询、资产评估、会计审计、项目策划、金融保险等服务。提供有关服务的收费标准,根据相关规定由当地物价部门核定并予以公示。

第二十四条 农村土地经营权流转交易市场应当制定工作规程和采取必要措施,保障农村土地经营权流转交易公开、公正、规范运行,自觉接受社会公众监督和依法接受有关部门管理。

第二十五条 农村土地经营权流转交易发生争议或者纠纷,相关权利人可以依法申请调解、仲裁或提起诉讼。

三、纠纷解决

中华人民共和国农村土地承包经营纠纷调解仲裁法

(2009年6月27日第十一届全国人民代表大会常务委员会第九次会议通过 2009年6月27日中华人民共和国主席令第14号公布 自2010年1月1日起施行)

第一章 总 则

第一条 【立法目的】为了公正、及时解决农村土地承包经营纠纷,维护当事人的合法权益,促进农村经济发展和社会稳定,制定本法。

第二条 【适用范围】农村土地承包经营纠纷调解和仲裁,适用本法。农村土地承包经营纠纷包括:

(一)因订立、履行、变更、解除和终止农村土地承包合同发生的纠纷;

(二)因农村土地承包经营权转包、出租、互换、转让、入股等流转发生的纠纷;

(三)因收回、调整承包地发生的纠纷;

(四)因确认农村土地承包经营权发生的纠纷;

(五)因侵害农村土地承包经营权发生的纠纷;

(六)法律、法规规定的其他农村土地承包经营纠纷。

因征收集体所有的土地及其补偿发生的纠纷,不属于农村土地承包仲裁委员会的受理范围,可以通过行政复议或者诉讼等方式解决。

第三条 【和解与调解】发生农村土地承包经营纠纷的,当事人可以自行和解,也可以请求村民委员会、乡(镇)人民政府等调解。

第四条 【申请仲裁与起诉】当事人和解、调解不成或者不愿和解、调解的,可以向农村土地承包仲裁委员会申请仲裁,也可以直接向人民法院起诉。

第五条 【调解、仲裁的原则】农村土地承包经营纠纷调解和仲裁,应当公开、公平、公正,便民高效,根据事实,符合法律,尊重社会公德。

第六条 【县级以上人民政府加强对调解、仲裁的指导】县级以上人民政府应当加强对农村土地承包经营纠纷调解和仲裁工作的指导。

县级以上人民政府农村土地承包管理部门及其他有关部门应当依照职责分工,支持有关调解组织和农村土地承包仲裁委员会依法开展工作。

第二章 调 解

第七条 【村民委员会、乡镇人民政府应加强调解工作】村民委员会、乡(镇)人民政府应当加强农村土地承包经营纠纷的调解工作,帮助当事人达成协议解决纠纷。

第八条 【调解可以书面申请，也可以口头申请】当事人申请农村土地承包经营纠纷调解可以书面申请，也可以口头申请。口头申请的，由村民委员会或者乡（镇）人民政府当场记录申请人的基本情况、申请调解的纠纷事项、理由和时间。

第九条 【调解时，充分听取当事人陈述、讲解法律、政策】调解农村土地承包经营纠纷，村民委员会或者乡（镇）人民政府应当充分听取当事人对事实和理由的陈述，讲解有关法律以及国家政策，耐心疏导，帮助当事人达成协议。

第十条 【达成协议的，制作调解协议书】经调解达成协议的，村民委员会或者乡（镇）人民政府应当制作调解协议书。

调解协议书由双方当事人签名、盖章或者按指印，经调解人员签名并加盖调解组织印章后生效。

第十一条 【仲裁庭应当进行调解】仲裁庭对农村土地承包经营纠纷应当进行调解。调解达成协议的，仲裁庭应当制作调解书；调解不成的，应当及时作出裁决。

调解书应当写明仲裁请求和当事人协议的结果。调解书由仲裁员签名，加盖农村土地承包仲裁委员会印章，送达双方当事人。

调解书经双方当事人签收后，即发生法律效力。在调解书签收前当事人反悔的，仲裁庭应当及时作出裁决。

第三章 仲　　裁

第一节 仲裁委员会和仲裁员

第十二条 【仲裁委员会的设立】农村土地承包仲裁委员会，根据解决农村土地承包经营纠纷的实际需要设立。农村土地承包仲裁委员会可以在县和不设区的市设立，也可以在设区的市或者其市辖区设立。

农村土地承包仲裁委员会在当地人民政府指导下设立。设立农村土地承包仲裁委员会的,其日常工作由当地农村土地承包管理部门承担。

第十三条 【仲裁委员会的组成】农村土地承包仲裁委员会由当地人民政府及其有关部门代表、有关人民团体代表、农村集体经济组织代表、农民代表和法律、经济等相关专业人员兼任组成,其中农民代表和法律、经济等相关专业人员不得少于组成人员的二分之一。

农村土地承包仲裁委员会设主任一人、副主任一至二人和委员若干人。主任、副主任由全体组成人员选举产生。

第十四条 【仲裁委员会的职责】农村土地承包仲裁委员会依法履行下列职责:

(一)聘任、解聘仲裁员;

(二)受理仲裁申请;

(三)监督仲裁活动。

农村土地承包仲裁委员会应当依照本法制定章程,对其组成人员的产生方式及任期、议事规则等作出规定。

第十五条 【仲裁员应具备的条件】农村土地承包仲裁委员会应当从公道正派的人员中聘任仲裁员。

仲裁员应当符合下列条件之一:

(一)从事农村土地承包管理工作满五年;

(二)从事法律工作或者人民调解工作满五年;

(三)在当地威信较高,并熟悉农村土地承包法律以及国家政策的居民。

第十六条 【仲裁员的培训】农村土地承包仲裁委员会应当对仲裁员进行农村土地承包法律以及国家政策的培训。

省、自治区、直辖市人民政府农村土地承包管理部门应当制定仲裁员培训计划,加强对仲裁员培训工作的组织和指导。

第十七条 【仲裁员渎职行为的处理】农村土地承包仲裁委员会组成人员、仲裁员应当依法履行职责,遵守农村土地承包仲裁委员会章程和仲裁规则,不得索贿受贿、徇私舞弊,不得侵害当事人的合法权益。

仲裁员有索贿受贿、徇私舞弊、枉法裁决以及接受当事人请客送礼等违法违纪行为的,农村土地承包仲裁委员会应当将其除名;构成犯罪的,依法追究刑事责任。

县级以上地方人民政府及有关部门应当受理对农村土地承包仲裁委员会组成人员、仲裁员违法违纪行为的投诉和举报,并依法组织查处。

第二节 申请和受理

第十八条 【申请仲裁的时效】农村土地承包经营纠纷申请仲裁的时效期间为二年,自当事人知道或者应当知道其权利被侵害之日起计算。

第十九条 【仲裁的当事人、第三人】农村土地承包经营纠纷仲裁的申请人、被申请人为当事人。家庭承包的,可以由农户代表人参加仲裁。当事人一方人数众多的,可以推选代表人参加仲裁。

与案件处理结果有利害关系的,可以申请作为第三人参加仲裁,或者由农村土地承包仲裁委员会通知其参加仲裁。

当事人、第三人可以委托代理人参加仲裁。

第二十条 【申请仲裁应具备的条件】申请农村土地承包经营纠纷仲裁应当符合下列条件:

(一)申请人与纠纷有直接的利害关系;

(二)有明确的被申请人;

(三)有具体的仲裁请求和事实、理由;

(四)属于农村土地承包仲裁委员会的受理范围。

第二十一条 【申请仲裁应当提出仲裁申请书;口头申请的,记入笔录】当事人申请仲裁,应当向纠纷涉及的土地所在地的农村土地承包仲裁委员会递交仲裁申请书。仲裁申请书可以邮寄或者委托他人代交。仲裁申请书应当载明申请人和被申请人的基本情况,仲裁请求和所根据的事实、理由,并提供相应的证据和证据来源。

书面申请确有困难的,可以口头申请,由农村土地承包仲裁委员会记入笔录,经申请人核实后由其签名、盖章或者按指印。

第二十二条 【仲裁申请的受理与不受理】农村土地承包仲裁委员会应当对仲裁申请予以审查,认为符合本法第二十条规定的,应当受理。有下列情形之一的,不予受理;已受理的,终止仲裁程序:

(一)不符合申请条件;

(二)人民法院已受理该纠纷;

(三)法律规定该纠纷应当由其他机构处理;

(四)对该纠纷已有生效的判决、裁定、仲裁裁决、行政处理决定等。

第二十三条 【受理通知;不受理或终止仲裁的通知】农村土地承包仲裁委员会决定受理的,应当自收到仲裁申请之日起五个工作日内,将受理通知书、仲裁规则和仲裁员名册送达申请人;决定不予受理或者终止仲裁程序的,应当自收到仲裁申请或者发现终止仲裁程序情形之日起五个工作日内书面通知申请人,并说明理由。

第二十四条 【向被申请人送达受理通知书、仲裁申请书、副本、仲裁规则、仲裁员名册】农村土地承包仲裁委员会应当自受理仲裁申请之日起五个工作日内,将受理通知书、仲裁申请书副本、仲裁规则和仲裁员名册送达被申请人。

第二十五条 【被申请人答辩书副本送达申请人】被申请人应当自收到仲裁申请书副本之日起十日内向农村土地承包仲裁委员会提交答辩书;书面答辩确有困难的,可以口头答辩,由农村土地承包仲裁委员会记入笔录,经被申请人核实后由其签名、盖章或者按指印。农村土地承包仲裁委员会应当自收到答辩书之日起五个工作日内将答辩书副本送达申请人。被申请人未答辩的,不影响仲裁程序的进行。

第二十六条 【财产保全】一方当事人因另一方当事人的行为或者其他原因,可能使裁决不能执行或者难以执行的,可以申请财产保全。

当事人申请财产保全的,农村土地承包仲裁委员会应当将当事人的申请提交被申请人住所地或者财产所在地的基层人民法院。

申请有错误的,申请人应当赔偿被申请人因财产保全所遭受的损失。

第三节 仲裁庭的组成

第二十七条 【仲裁庭组成】仲裁庭由三名仲裁员组成,首席仲裁员由当事人共同选定,其他二名仲裁员由当事人各自选定;当事人不能选定的,由农村土地承包仲裁委员会主任指定。

事实清楚、权利义务关系明确、争议不大的农村土地承包经营纠纷,经双方当事人同意,可以由一名仲裁员仲裁。仲裁员由当事人共同选定或者由农村土地承包仲裁委员会主任指定。

农村土地承包仲裁委员会应当自仲裁庭组成之日起二个工作日内将仲裁庭组成情况通知当事人。

第二十八条 【仲裁员的回避】仲裁员有下列情形之一的,必须回避,当事人也有权以口头或者书面方式申请其回避:

(一)是本案当事人或者当事人、代理人的近亲属;

(二)与本案有利害关系;

(三)与本案当事人、代理人有其他关系,可能影响公正仲裁;

(四)私自会见当事人、代理人,或者接受当事人、代理人的请客送礼。

当事人提出回避申请,应当说明理由,在首次开庭前提出。回避事由在首次开庭后知道的,可以在最后一次开庭终结前提出。

第二十九条 【仲裁委员会对回避的决定】农村土地承包仲裁委员会对回避申请应当及时作出决定,以口头或者书面方式通知当事人,并说明理由。

仲裁员是否回避,由农村土地承包仲裁委员会主任决定;农村土地承包仲裁委员会主任担任仲裁员时,由农村土地承包仲裁委员会集体决定。

仲裁员因回避或者其他原因不能履行职责的,应当依照本法规定重新选定或者指定仲裁员。

第四节 开庭和裁决

第三十条 【开庭】农村土地承包经营纠纷仲裁应当开庭进行。

开庭可以在纠纷涉及的土地所在地的乡（镇）或者村进行，也可以在农村土地承包仲裁委员会所在地进行。当事人双方要求在乡（镇）或者村开庭的，应当在该乡（镇）或者村开庭。

开庭应当公开，但涉及国家秘密、商业秘密和个人隐私以及当事人约定不公开的除外。

第三十一条 【开庭时间、地点的通知】仲裁庭应当在开庭五个工作日前将开庭的时间、地点通知当事人和其他仲裁参与人。

当事人有正当理由的，可以向仲裁庭请求变更开庭的时间、地点。是否变更，由仲裁庭决定。

第三十二条 【自行和解】当事人申请仲裁后，可以自行和解。达成和解协议的，可以请求仲裁庭根据和解协议作出裁决书，也可以撤回仲裁申请。

第三十三条 【仲裁请求的放弃和变更】申请人可以放弃或者变更仲裁请求。被申请人可以承认或者反驳仲裁请求，有权提出反请求。

第三十四条 【终止仲裁】仲裁庭作出裁决前，申请人撤回仲裁申请的，除被申请人提出反请求的外，仲裁庭应当终止仲裁。

第三十五条 【撤回仲裁申请，缺席裁决】申请人经书面通知，无正当理由不到庭或者未经仲裁庭许可中途退庭的，可以视为撤回仲裁申请。

被申请人经书面通知，无正当理由不到庭或者未经仲裁庭许可中途退庭的，可以缺席裁决。

第三十六条 【当事人在开庭中的权利】当事人在开庭过程中有权发表意见、陈述事实和理由、提供证据、进行质证和辩论。对不通晓当地通用语言文字的当事人，农村土地承包仲裁委员会应当为其提供翻译。

第三十七条 【谁主张，谁举证】当事人应当对自己的主张提供证据。

与纠纷有关的证据由作为当事人一方的发包方等掌握管理的,该当事人应当在仲裁庭指定的期限内提供,逾期不提供的,应当承担不利后果。

第三十八条 【仲裁庭收集证据】仲裁庭认为有必要收集的证据,可以自行收集。

第三十九条 【鉴定】仲裁庭对专门性问题认为需要鉴定的,可以交由当事人约定的鉴定机构鉴定;当事人没有约定的,由仲裁庭指定的鉴定机构鉴定。

根据当事人的请求或者仲裁庭的要求,鉴定机构应当派鉴定人参加开庭。当事人经仲裁庭许可,可以向鉴定人提问。

第四十条 【证据应当当庭出示】证据应当在开庭时出示,但涉及国家秘密、商业秘密和个人隐私的证据不得在公开开庭时出示。

仲裁庭应当依照仲裁规则的规定开庭,给予双方当事人平等陈述、辩论的机会,并组织当事人进行质证。

经仲裁庭查证属实的证据,应当作为认定事实的根据。

第四十一条 【证据保全】在证据可能灭失或者以后难以取得的情况下,当事人可以申请证据保全。当事人申请证据保全的,农村土地承包仲裁委员会应当将当事人的申请提交证据所在地的基层人民法院。

第四十二条 【先行裁定】对权利义务关系明确的纠纷,经当事人申请,仲裁庭可以先行裁定维持现状、恢复农业生产以及停止取土、占地等行为。

一方当事人不履行先行裁定的,另一方当事人可以向人民法院申请执行,但应当提供相应的担保。

第四十三条 【笔录】仲裁庭应当将开庭情况记入笔录,由仲裁员、记录人员、当事人和其他仲裁参与人签名、盖章或者按指印。

当事人和其他仲裁参与人认为对自己陈述的记录有遗漏或者差错的,有权申请补正。如果不予补正,应当记录该申请。

第四十四条 【裁决书的制作】仲裁庭应当根据认定的事实和法律以及国家政策作出裁决并制作裁决书。

裁决应当按照多数仲裁员的意见作出,少数仲裁员的不同意见可以记入笔录。仲裁庭不能形成多数意见时,裁决应当按照首席仲裁员的意见作出。

第四十五条 【裁决书的内容、送达】裁决书应当写明仲裁请求、争议事实、裁决理由、裁决结果、裁决日期以及当事人不服仲裁裁决的起诉权利、期限,由仲裁员签名,加盖农村土地承包仲裁委员会印章。

农村土地承包仲裁委员会应当在裁决作出之日起三个工作日内将裁决书送达当事人,并告知当事人不服仲裁裁决的起诉权利、期限。

第四十六条 【仲裁庭独立履行职责】仲裁庭依法独立履行职责,不受行政机关、社会团体和个人的干涉。

第四十七条 【仲裁期限】仲裁农村土地承包经营纠纷,应当自受理仲裁申请之日起六十日内结束;案情复杂需要延长的,经农村土地承包仲裁委员会主任批准可以延长,并书面通知当事人,但延长期限不得超过三十日。

第四十八条 【不服仲裁,可向法院起诉】当事人不服仲裁裁决的,可以自收到裁决书之日起三十日内向人民法院起诉。逾期不起诉的,裁决书即发生法律效力。

第四十九条 【申请执行】当事人对发生法律效力的调解书、裁决书,应当依照规定的期限履行。一方当事人逾期不履行的,另一方当事人可以向被申请人住所地或者财产所在地的基层人民法院申请执行。受理申请的人民法院应当依法执行。

第四章 附 则

第五十条 【农村土地定义】本法所称农村土地,是指农民集体所有和国家所有依法由农民集体使用的耕地、林地、草地,以及其他依法用于农业的土地。

第五十一条 【仲裁规则、仲裁委员会示范章程的制定】农村土地承包经营纠纷仲裁规则和农村土地承包仲裁委员会示范章程,由国务院农业、林业行政主管部门依照本法规定共同制定。

第五十二条 【仲裁不收费】农村土地承包经营纠纷仲裁不得向当事人收取费用,仲裁工作经费纳入财政预算予以保障。

第五十三条 【施行日期】本法自2010年1月1日起施行。

农村土地承包经营纠纷仲裁规则

(2009年12月29日农业部、国家林业局令〔2010〕第1号公布 自2010年1月1日起施行)

第一章 总 则

第一条 为规范农村土地承包经营纠纷仲裁活动,根据《中华人民共和国农村土地承包经营纠纷调解仲裁法》,制定本规则。

第二条 农村土地承包经营纠纷仲裁适用本规则。

第三条 下列农村土地承包经营纠纷,当事人可以向农村土地承包仲裁委员会(以下简称仲裁委员会)申请仲裁:

(一)因订立、履行、变更、解除和终止农村土地承包合同发生的纠纷;

(二)因农村土地承包经营权转包、出租、互换、转让、入股等流转发生的纠纷;

(三)因收回、调整承包地发生的纠纷;

(四)因确认农村土地承包经营权发生的纠纷;

(五)因侵害农村土地承包经营权发生的纠纷;

（六）法律、法规规定的其他农村土地承包经营纠纷。

因征收集体所有的土地及其补偿发生的纠纷，不属于仲裁委员会的受理范围，可以通过行政复议或者诉讼等方式解决。

第四条 仲裁委员会依法设立，其日常工作由当地农村土地承包管理部门承担。

第五条 农村土地承包经营纠纷仲裁，应当公开、公平、公正，便民高效，注重调解，尊重事实，符合法律，遵守社会公德。

第二章 申请和受理

第六条 农村土地承包经营纠纷仲裁的申请人、被申请人为仲裁当事人。

第七条 家庭承包的，可以由农户代表人参加仲裁。农户代表人由农户成员共同推选；不能共同推选的，按下列方式确定：

（一）土地承包经营权证或者林权证等证书上记载的人；

（二）未取得土地承包经营权证或者林权证等证书的，为在承包合同上签字的人。

第八条 当事人一方为五户（人）以上的，可以推选三至五名代表人参加仲裁。

第九条 与案件处理结果有利害关系的，可以申请作为第三人参加仲裁，或者由仲裁委员会通知其参加仲裁。

第十条 当事人、第三人可以委托代理人参加仲裁。

当事人或者第三人为无民事行为能力人或者限制民事行为能力人的，由其法定代理人参加仲裁。

第十一条 当事人申请农村土地承包经营纠纷仲裁的时效期间为二年，自当事人知道或者应当知道其权利被侵害之日起计算。

仲裁时效因申请调解、申请仲裁、当事人一方提出要求或者同意履行义务而中断。从中断时起，仲裁时效重新计算。

在仲裁时效期间的最后六个月内,因不可抗力或者其他事由,当事人不能申请仲裁的,仲裁时效中止。从中止时效的原因消除之日起,仲裁时效期间继续计算。

侵害农村土地承包经营权行为持续发生的,仲裁时效从侵权行为终了时计算。

第十二条 申请农村土地承包经营纠纷仲裁,应当符合下列条件:

(一)申请人与纠纷有直接的利害关系;

(二)有明确的被申请人;

(三)有具体的仲裁请求和事实、理由;

(四)属于仲裁委员会的受理范围。

第十三条 当事人申请仲裁,应当向纠纷涉及土地所在地的仲裁委员会递交仲裁申请书。申请书可以邮寄或者委托他人代交。

书面申请有困难的,可以口头申请,由仲裁委员会记入笔录,经申请人核实后由其签名、盖章或者按指印。

仲裁委员会收到仲裁申请材料,应当出具回执。回执应当载明接收材料的名称和份数、接收日期等,并加盖仲裁委员会印章。

第十四条 仲裁申请书应当载明下列内容:

(一)申请人和被申请人的姓名、年龄、住所、邮政编码、电话或者其他通讯方式;法人或者其他组织应当写明名称、地址和法定代表人或者主要负责人的姓名、职务、通讯方式;

(二)申请人的仲裁请求;

(三)仲裁请求所依据的事实和理由;

(四)证据和证据来源、证人姓名和联系方式。

第十五条 仲裁委员会应当对仲裁申请进行审查,符合申请条件的,应当受理。

有下列情形之一的,不予受理;已受理的,终止仲裁程序:

(一)不符合申请条件;

(二)人民法院已受理该纠纷;

(三)法律规定该纠纷应当由其他机构受理;

(四)对该纠纷已有生效的判决、裁定、仲裁裁决、行政处理决定等。

第十六条 仲裁委员会决定受理仲裁申请的,应当自收到仲裁申请之日起五个工作日内,将受理通知书、仲裁规则、仲裁员名册送达申请人,将受理通知书、仲裁申请书副本、仲裁规则、仲裁员名册送达被申请人。

决定不予受理或者终止仲裁程序的,应当自收到仲裁申请或者发现终止仲裁程序情形之日起五个工作日内书面通知申请人,并说明理由。

需要通知第三人参加仲裁的,仲裁委员会应当通知第三人,并告知其权利义务。

第十七条 被申请人应当自收到仲裁申请书副本之日起十日内向仲裁委员会提交答辩书。

仲裁委员会应当自收到答辩书之日起五个工作日内将答辩书副本送达申请人。

被申请人未答辩的,不影响仲裁程序的进行。

第十八条 答辩书应当载明下列内容:

(一)答辩人姓名、年龄、住所、邮政编码、电话或者其他通讯方式;法人或者其他组织应当写明名称、地址和法定代表人或者主要负责人的姓名、职务、通讯方式;

(二)对申请人仲裁申请的答辩及所依据的事实和理由;

(三)证据和证据来源,证人姓名和联系方式。

书面答辩确有困难的,可以口头答辩,由仲裁委员会记入笔录,经被申请人核实后由其签名、盖章或者按指印。

第十九条 当事人提交仲裁申请书、答辩书、有关证据材料及其他书面文件,应当一式三份。

第二十条 因一方当事人的行为或者其他原因可能使裁决不能执行或者难以执行,另一方当事人申请财产保全的,仲裁委员会应当将当事人的申请提交被申请人住所地或者财产所在地的基层人民法院,并告知申请人因申请错误造成被申请人财产损失的,应当承担相应的赔偿责任。

第三章 仲 裁 庭

第二十一条 仲裁庭由三名仲裁员组成。

事实清楚、权利义务关系明确、争议不大的农村土地承包经营纠纷,经双方当事人同意,可以由一名仲裁员仲裁。

第二十二条 双方当事人自收到受理通知书之日起五个工作日内,从仲裁员名册中选定仲裁员。首席仲裁员由双方当事人共同选定,其他二名仲裁员由双方当事人各自选定;当事人不能选定的,由仲裁委员会主任指定。

独任仲裁员由双方当事人共同选定;当事人不能选定的,由仲裁委员会主任指定。

仲裁委员会应当自仲裁庭组成之日起二个工作日内将仲裁庭组成情况通知当事人。

第二十三条 仲裁庭组成后,首席仲裁员应当召集其他仲裁员审阅案件材料,了解纠纷的事实和情节,研究双方当事人的请求和理由,查核证据,整理争议焦点。

仲裁庭认为确有必要的,可以要求当事人在一定期限内补充证据,也可以自行调查取证。自行调查取证的,调查人员不得少于二人。

第二十四条 仲裁员有下列情形之一的,应当回避:

(一)是本案当事人或者当事人、代理人的近亲属;

(二)与本案有利害关系;

(三)与本案当事人、代理人有其他关系,可能影响公正仲裁;

(四)私自会见当事人、代理人,或者接受当事人、代理人请客送礼。

第二十五条 仲裁员有回避情形的,应当以口头或者书面方式及时向仲裁委员会提出。

当事人认为仲裁员有回避情形的,有权以口头或者书面方式向仲裁委员会申请其回避。

当事人提出回避申请,应当在首次开庭前提出,并说明理由;在首次开庭后知道回避事由的,可以在最后一次开庭终结前提出。

第二十六条 仲裁委员会应当自收到回避申请或者发现仲裁员有回避情形之日起二个工作日内作出决定,以口头或者书面方式通知当事人,并说明理由。

仲裁员是否回避,由仲裁委员会主任决定;仲裁委员会主任担任仲裁员时,由仲裁委员会集体决定主任的回避。

第二十七条 仲裁员有下列情形之一的,应当按照本规则第二十二条规定重新选定或者指定仲裁员:

(一)被决定回避的;

(二)在法律上或者事实上不能履行职责的;

(三)因被除名或者解聘丧失仲裁员资格的;

(四)因个人原因退出或者不能从事仲裁工作的;

(五)因徇私舞弊、失职渎职被仲裁委员会决定更换的。

重新选定或者指定仲裁员后,仲裁程序继续进行。当事人请求仲裁程序重新进行的,由仲裁庭决定。

第二十八条 仲裁庭应当向当事人提供必要的法律政策解释,帮助当事人自行和解。

达成和解协议的,当事人可以请求仲裁庭根据和解协议制作裁决书;当事人要求撤回仲裁申请的,仲裁庭应当终止仲裁程序。

第二十九条 仲裁庭应当在双方当事人自愿的基础上进行调解。调解达成协议的,仲裁庭应当制作调解书。

调解书应当载明双方当事人基本情况、纠纷事由、仲裁请求和协议结果,由仲裁员签名,并加盖仲裁委员会印章,送达双方当事人。

调解书经双方当事人签收即发生法律效力。

第三十条　调解不成或者当事人在调解书签收前反悔的,仲裁庭应当及时作出裁决。

当事人在调解过程中的陈述、意见、观点或者建议,仲裁庭不得作为裁决的证据或依据。

第三十一条　仲裁庭作出裁决前,申请人放弃仲裁请求并撤回仲裁申请,且被申请人没有就申请人的仲裁请求提出反请求的,仲裁庭应当终止仲裁程序。

申请人经书面通知,无正当理由不到庭或者未经仲裁庭许可中途退庭的,可以视为撤回仲裁申请。

第三十二条　被申请人就申请人的仲裁请求提出反请求的,应当说明反请求事项及其所依据的事实和理由,并附具有关证明材料。

被申请人在仲裁庭组成前提出反请求的,由仲裁委员会决定是否受理;在仲裁庭组成后提出反请求的,由仲裁庭决定是否受理。

仲裁委员会或者仲裁庭决定受理反请求的,应当自收到反请求之日起五个工作日内将反请求申请书副本送达申请人。申请人应当在收到反请求申请书副本后十个工作日内提交反请求答辩书,不答辩的不影响仲裁程序的进行。仲裁庭应当将被申请人的反请求与申请人的请求合并审理。

仲裁委员会或者仲裁庭决定不予受理反请求的,应当书面通知被申请人,并说明理由。

第三十三条　仲裁庭组成前申请人变更仲裁请求或者被申请人变更反请求的,由仲裁委员会作出是否准许的决定;仲裁庭组成后变更请求或者反请求的,由仲裁庭作出是否准许的决定。

第四章　开　　庭

第三十四条　农村土地承包经营纠纷仲裁应当开庭进行。开庭应当公开,但涉及国家秘密、商业秘密和个人隐私以及当事人约定不公开的除外。

开庭可以在纠纷涉及的土地所在地的乡(镇)或者村进行,也可以在仲裁委员会所在地进行。当事人双方要求在乡(镇)或者村开庭的,应当在该乡(镇)或者村开庭。

第三十五条 仲裁庭应当在开庭五个工作日前将开庭时间、地点通知当事人、第三人和其他仲裁参与人。

当事人请求变更开庭时间和地点的,应当在开庭三个工作日前向仲裁庭提出,并说明理由。仲裁庭决定变更的,通知双方当事人、第三人和其他仲裁参与人;决定不变更的,通知提出变更请求的当事人。

第三十六条 公开开庭的,应当将开庭时间、地点等信息予以公告。

申请旁听的公民,经仲裁庭审查后可以旁听。

第三十七条 被申请人经书面通知,无正当理由不到庭或者未经仲裁庭许可中途退庭的,仲裁庭可以缺席裁决。

被申请人提出反请求,申请人经书面通知,无正当理由不到庭或者未经仲裁庭许可中途退庭的,仲裁庭可以就反请求缺席裁决。

第三十八条 开庭前,仲裁庭应当查明当事人、第三人、代理人和其他仲裁参与人是否到庭,并逐一核对身份。

开庭由首席仲裁员或者独任仲裁员宣布。首席仲裁员或者独任仲裁员应当宣布案由,宣读仲裁庭组成人员名单、仲裁庭纪律、当事人权利和义务,询问当事人是否申请仲裁员回避。

第三十九条 仲裁庭应当保障双方当事人平等陈述的机会,组织当事人、第三人、代理人陈述事实、意见、理由。

第四十条 当事人、第三人应当提供证据,对其主张加以证明。

与纠纷有关的证据由作为当事人一方的发包方等掌握管理的,该当事人应当在仲裁庭指定的期限内提供,逾期不提供的,应当承担不利后果。

第四十一条 仲裁庭自行调查收集的证据,应当在开庭时向双方当事人出示。

第四十二条 仲裁庭对专门性问题认为需要鉴定的,可以交由当事人约定的鉴定机构鉴定;当事人没有约定的,由仲裁庭指定的鉴定机构鉴定。

第四十三条　当事人申请证据保全,应当向仲裁委员会书面提出。仲裁委员会应当自收到申请之日起二个工作日内,将申请提交证据所在地的基层人民法院。

第四十四条　当事人、第三人申请证人出庭作证的,仲裁庭应当准许,并告知证人的权利义务。

证人不得旁听案件审理。

第四十五条　证据应当在开庭时出示,但涉及国家秘密、商业秘密和个人隐私的证据不得在公开开庭时出示。

仲裁庭应当组织当事人、第三人交换证据,相互质证。

经仲裁庭许可,当事人、第三人可以向证人询问,证人应当据实回答。

根据当事人的请求或者仲裁庭的要求,鉴定机构应当派鉴定人参加开庭。经仲裁庭许可,当事人可以向鉴定人提问。

第四十六条　仲裁庭应当保障双方当事人平等行使辩论权,并对争议焦点组织辩论。

辩论终结时,首席仲裁员或者独任仲裁员应当征询双方当事人、第三人的最后意见。

第四十七条　对权利义务关系明确的纠纷,当事人可以向仲裁庭书面提出先行裁定申请,请求维持现状、恢复农业生产以及停止取土、占地等破坏性行为。仲裁庭应当自收到先行裁定申请之日起二个工作日内作出决定。

仲裁庭作出先行裁定的,应当制作先行裁定书,并告知先行裁定申请人可以向人民法院申请执行,但应当提供相应的担保。

先行裁定书应当载明先行裁定申请的内容、依据事实和理由、裁定结果和日期,由仲裁员签名,加盖仲裁委员会印章。

第四十八条　仲裁庭应当将开庭情况记入笔录。笔录由仲裁员、记录人员、当事人、第三人和其他仲裁参与人签名、盖章或者按指印。

当事人、第三人和其他仲裁参与人认为对自己的陈述记录有遗漏或者差错的,有权申请补正。仲裁庭不予补正的,应当向申请人说明情况,并记录该申请。

第四十九条 发生下列情形之一的,仲裁程序中止:

(一)一方当事人死亡,需要等待继承人表明是否参加仲裁的;

(二)一方当事人丧失行为能力,尚未确定法定代理人的;

(三)作为一方当事人的法人或者其他组织终止,尚未确定权利义务承受人的;

(四)一方当事人因不可抗拒的事由,不能参加仲裁的;

(五)本案必须以另一案的审理结果为依据,而另一案尚未审结的;

(六)其他应当中止仲裁程序的情形。

在仲裁庭组成前发生仲裁中止事由的,由仲裁委员会决定是否中止仲裁;仲裁庭组成后发生仲裁中止事由的,由仲裁庭决定是否中止仲裁。决定仲裁程序中止的,应当书面通知当事人。

仲裁程序中止的原因消除后,仲裁委员会或者仲裁庭应当在三个工作日内作出恢复仲裁程序的决定,并通知当事人和第三人。

第五十条 发生下列情形之一的,仲裁程序终结:

(一)申请人死亡或者终止,没有继承人及权利义务承受人,或者继承人、权利义务承受人放弃权利的;

(二)被申请人死亡或者终止,没有可供执行的财产,也没有应当承担义务的人的;

(三)其他应当终结仲裁程序的。

终结仲裁程序的,仲裁委员会应当自发现终结仲裁程序情形之日起五个工作日内书面通知当事人、第三人,并说明理由。

第五章 裁决和送达

第五十一条 仲裁庭应当根据认定的事实和法律以及国家政策作出裁决,并制作裁决书。

首席仲裁员组织仲裁庭对案件进行评议,裁决依多数仲裁员意见作出。少数仲裁员的不同意见可以记入笔录。

仲裁庭不能形成多数意见时,应当按照首席仲裁员的意见作出裁决。

第五十二条 裁决书应当写明仲裁请求、争议事实、裁决理由和依据、裁决结果、裁决日期,以及当事人不服仲裁裁决的起诉权利和期限。

裁决书由仲裁员签名,加盖仲裁委员会印章。

第五十三条 对裁决书中的文字、计算错误,或者裁决书中有遗漏的事项,仲裁庭应当及时补正。补正构成裁决书的一部分。

第五十四条 仲裁庭应当自受理仲裁申请之日起六十日内作出仲裁裁决。受理日期以受理通知书上记载的日期为准。

案情复杂需要延长的,经仲裁委员会主任批准可以延长,但延长期限不得超过三十日。

延长期限的,应当自作出延期决定之日起三个工作日内书面通知当事人、第三人。

期限不包括仲裁程序中止、鉴定、当事人在庭外自行和解、补充申请材料和补正裁决的时间。

第五十五条 仲裁委员会应当在裁决作出之日起三个工作日内将裁决书送达当事人、第三人。

直接送达的,应当告知当事人、第三人下列事项:

(一)不服仲裁裁决的,可以在收到裁决书之日起三十日内向人民法院起诉,逾期不起诉的,裁决书即发生法律效力;

(二)一方当事人不履行生效的裁决书所确定义务的,另一方当事人可以向被申请人住所地或者财产所在地的基层人民法院申请执行。

第五十六条 仲裁文书应当直接送达当事人或者其代理人。受送达人是自然人,但本人不在场的,由其同住成年家属签收;受送达人是法人或者其他组织的,应当由法人的法定代表人、其他组织的主要负责人或者该法人、组织负责收件的人签收。

仲裁文书送达后，由受送达人在送达回证上签名、盖章或者按指印，受送达人在送达回证上的签收日期为送达日期。

受送达人或者其同住成年家属拒绝接收仲裁文书的，可以留置送达。送达人应当邀请有关基层组织或者受送达人所在单位的代表到场，说明情况，在送达回证上记明拒收理由和日期，由送达人、见证人签名、盖章或者按指印，将仲裁文书留在受送达人的住所，即视为已经送达。

直接送达有困难的，可以邮寄送达。邮寄送达的，以当事人签收日期为送达日期。

当事人下落不明，或者以前款规定的送达方式无法送达的，可以公告送达，自发出公告之日起，经过六十日，即视为已经送达。

第六章 附 则

第五十七条 独任仲裁可以适用简易程序。简易程序的仲裁规则由仲裁委员会依照本规则制定。

第五十八条 期间包括法定期间和仲裁庭指定的期间。

期间以日、月、年计算，期间开始日不计算在期间内。

期间最后一日是法定节假日的，以法定节假日后的第一个工作日为期间的最后一日。

第五十九条 对不通晓当地通用语言文字的当事人、第三人，仲裁委员会应当为其提供翻译。

第六十条 仲裁文书格式由农业部、国家林业局共同制定。

第六十一条 农村土地承包经营纠纷仲裁不得向当事人收取费用，仲裁工作经费依法纳入财政预算予以保障。

当事人委托代理人、申请鉴定等发生的费用由当事人负担。

第六十二条 本规则自 2010 年 1 月 1 日起施行。

农村土地承包经营纠纷调解仲裁工作规范

(2013年1月15日农业部办公厅印发 农办经〔2013〕2号)

第一章 总 则

第一条 为加强农村土地承包经营纠纷调解仲裁工作，实现调解仲裁工作的制度化、规范化，根据《中华人民共和国农村土地承包经营纠纷调解仲裁法》、《农村土地承包经营纠纷仲裁规则》、《农村土地承包仲裁委员会示范章程》等有关规定，制定本工作规范。

第二条 以科学发展观为指导，按照完善制度、统一规范、提升能力、强化保障的原则开展农村土地承包经营纠纷调解仲裁工作。

第三条 农村土地承包仲裁委员会（以下简称仲裁委员会）开展农村土地承包经营纠纷调解仲裁工作，应当执行本规范。

第四条 仲裁委员会在当地人民政府指导下依法设立，接受县级以上人民政府及土地承包管理部门的指导和监督。仲裁委员会设立后报省（自治区、直辖市）人民政府农业、林业行政主管部门备案。

第五条 涉农县（市、区）应普遍设立仲裁委员会，负责辖区内农村土地承包经营纠纷调解仲裁工作。涉农市辖区不设立仲裁委员会的，其所在市应当设立仲裁委员会，负责辖区内农村土地承包经营纠纷调解仲裁工作。

第六条 仲裁委员会根据农村土地承包经营纠纷调解仲裁工作及仲裁员培训实际需要,编制年度财务预算,报财政部门纳入财政预算予以保障。仲裁工作经费专款专用。

仲裁委员会可接受各级政府、司法部门、人民团体等人财物的支持和帮助。

第二章 仲裁委员会设立

第七条 市、县级农村土地承包管理部门负责制定仲裁委员会设立方案,协调相关部门,依法确定仲裁委员会人员构成,报请当地人民政府批准。

第八条 市、县级农村土地承包管理部门负责草拟仲裁委员会章程,拟定聘任仲裁员名册,拟定仲裁委员会工作计划及经费预算,筹备召开仲裁委员会成立大会。

第九条 市、县级农村土地承包管理部门提议,当地人民政府牵头,组织召开仲裁委员会成立大会。仲裁委员会成立大会由全体成员参加,审议通过仲裁委员会章程、议事规则和规章制度;选举仲裁委员会主任、副主任;审议通过仲裁员名册;审议通过仲裁委员会年度工作计划;任命仲裁委员会办公室主任。

仲裁委员会每年至少召开一次全体会议。符合规定情形时,仲裁委员会主任或其委托的副主任主持召开临时会议。

第十条 仲裁委员会组成人员应不少于9人,设主任1人,副主任1至2人。

第十一条 仲裁委员会的名称,由其所在"市、县(市、区)地名+农村土地承包仲裁委员会"构成。

仲裁委员会应设在当地人民政府所在地。

第十二条 仲裁委员会应根据解决农村土地承包经营纠纷的需要和辖区乡镇数聘任仲裁员,仲裁员人数一般不少于20人。

仲裁委员会对聘任的仲裁员颁发聘书。

第十三条 乡镇人民政府应设立农村土地承包经营纠纷调解委员会,调解工作人员一般不少于3人。村(居)民委员会应明确专人负责农村土地承包经营纠纷调解工作。

第三章 仲裁委员会办公室设立

第十四条 仲裁委员会日常工作由仲裁委员会办公室(以下简称仲裁办)承担。仲裁办设在当地农村土地承包管理部门。仲裁委员会可以办理法人登记,取得法人资格。

仲裁办应设立固定办公地点、仲裁场所。仲裁办负责仲裁咨询、宣传有关法律政策,接收申请人提出的仲裁申请,协助仲裁员开庭审理、调查取证工作,负责仲裁文书送达和仲裁档案管理工作,管理仲裁工作经费等。仲裁办应当设立固定专门电话号码,并在仲裁办公告栏中予以公告。

第十五条 仲裁办工作人员应定岗定责,不少于5人。根据仲裁委员会组成人员数、聘任仲裁员数、辖区范围和纠纷受理数量,可适当增加工作人员。其中,案件接收人员2~3名,书记员1名,档案管理员1名,文书送达人员1名。

第十六条 经仲裁委员会全体会议批准后,仲裁办制作仲裁员名册,并在案件受理场所进行公示。根据仲裁委员会全体会议批准的仲裁员变动情况,仲裁办及时调整仲裁员名册和公示名单。

第十七条 仲裁委员会编制仲裁员年度培训计划、组织开展培训工作。仲裁办按照培训计划,组织仲裁员参加仲裁培训,督促仲裁员在规定时间内取得仲裁员培训合格证书。对未取得培训合格证书的仲裁员,仲裁委员会不指定其单独审理和裁决案件,不指定其担任首席仲裁员。

第十八条 仲裁办受仲裁委员会委托对仲裁员进行年度工作考核。考核范围包括仲裁员执行仲裁程序情况、办案质量等。对考核不合格的仲裁员,仲裁委员会提出限期整改意见,仲裁办跟踪整改情况。对连续二次考核不合格的仲裁员,仲裁办提出解聘建议。

对严重违法违纪的仲裁员,仲裁办应及时提出解聘或除名建议。仲裁办将解聘或除名仲裁员名单,报仲裁委员会主任审查,经仲裁委员会全体会议讨论通过,予以解聘或除名。

第四章 调解仲裁工作流程

第一节 申请与受理

第十九条 仲裁办工作人员和仲裁员应当规范运用仲裁文书。对仲裁文书实行严格登记管理。

第二十条 仲裁办工作人员在接收仲裁申请时,根据申请的内容,向申请人宣传、讲解相关的法律政策;查验"仲裁申请书"、身份证明和证据等,对其进行登记和制作证据清单、证人情况表并向申请人出具回执。对书面申请确有困难的,由申请人口述,工作人员帮助填写"口头仲裁申请书"。"口头仲裁申请书"经申请人核实后签字、盖章或者按指印,工作人员登记并出具回执。

仲裁办接收邮寄、他人代交的"仲裁申请书",工作人员应及时对仲裁申请书及相关资料、代交人身份信息等进行登记,并向代交人出具回执。

第二十一条 仲裁办指定专人对仲裁申请材料进行初审。对仲裁申请材料不齐全的,在2个工作日内通知当事人补充齐全。

经过审核,符合受理条件的,材料审核人员在2个工作日内制作仲裁立案审批表,报仲裁委员会主任(或授权委托人)审批。批准立案的,仲裁办指定专人在5个工作日内将受理通知书、仲裁规则、仲裁员名册、选定仲裁员通知书送达申请人,将受理通知书、仲裁申请书副本、仲裁规则、仲裁员名册、选定仲裁员通知书送达被申请人。需要通知第三人参加仲裁的,在5个工作日内通知第三人并送达相关材料,告知其权利义务。

对不符合受理条件或未批准立案的,仲裁办指定专人在5个工作日内书面通知申请人,并说明理由。

第二十二条　仲裁办指定专人通知被申请人自收到仲裁申请书副本之日起 10 日内向仲裁办提交答辩书。仲裁办自收到答辩书之日起 5 个工作日内将答辩书副本送达申请人。

被申请人不答辩的,仲裁程序正常进行。被申请人书面答辩有困难的,由被申请人口述,仲裁办工作人员帮助填写"仲裁答辩书",经被申请人核实后签名、盖章或者按指印。被申请人提交证据材料的,工作人员填写"证据材料清单";被申请人提供证人的,工作人员填写"证人情况"表。

仲裁办接收当事人提交的仲裁申请书、答辩书、有关证据材料及其他书面文件,一式三份。

第二十三条　当事人委托代理人参加仲裁活动的,仲裁办审核当事人提交的"授权委托书",查验委托事项和权限。受委托人为律师的,查验律师事务所出具的指派证明;受委托人为法律工作者的,查验法律工作证。

当事人更换代理人,变更或解除代理权时,应提出申请。

第二十四条　仲裁办自仲裁庭组成之日起 2 个工作日内将仲裁庭组成情况通知当选仲裁员和当事人、第三人。

第二节　庭前准备

第二十五条　事实清楚、权利义务关系明确、争议不大的农村土地承包经营纠纷,经双方当事人同意,可以由一名仲裁员仲裁。仲裁员由当事人共同选定或由仲裁委员会主任(委托授权人)指定。

第二十六条　仲裁办应及时将当事人提交的仲裁申请书、答辩书、证据和"证据材料清单"、"证人情况表"等材料提交给仲裁庭。

第二十七条　首席仲裁员应召集组庭仲裁员认真审阅案件材料,了解案情,掌握争议焦点,研究当事人的请求和理由,查核证据,整理需要庭审调查的主要问题。

第二十八条　独任仲裁员召集当事人进行调解。达成协议的,由当事人签字、盖章或按指印,制成调解书,加盖仲裁委员会印章。调解不成的,开庭审理并做出裁决。审理过程中发现案情复杂的,独任仲裁员应当立即休庭,向仲裁委员会报告。经仲裁委员会主任(委托授权人)批准,由仲裁办组织当事人按照法律规定重新选定三名仲裁员组成仲裁庭,重新审理。

第二十九条 有下列情形的,仲裁庭向仲裁办提出实地调查取证的申请,经主任批准后,组织开展调查取证:

(一)当事人及其代理人因客观原因不能自行收集的;

(二)仲裁庭认为需要由有关部门进行司法鉴定的;

(三)双方当事人提供的证据互相矛盾、难以认定的;

(四)仲裁庭认为有必要采集的。

第三十条 仲裁办应协助仲裁员实地调查取证。实地调查的笔录,要由调查人、被调查人、记录人、在场人签名、盖章或者按指印。被调查人等拒绝在调查笔录上签名、盖章或者按指印的,调查人应在调查笔录上备注说明。

仲裁员询问证人时,应填写"证人情况表",询问证人与本案当事人的关系,告知证人作证的权利和义务。询问证人时应制作笔录,由证人在笔录上逐页签名、盖章或者按指印。如果证人无自阅能力,询问人当面读笔录,询问证人是否听懂,是否属实,并将证人对笔录属实与否的意见记入笔录,由证人逐页签名、盖章或者按指印。

第三十一条 仲裁庭决定开庭时间和地点,并告知仲裁办。仲裁办在开庭前五个工作日内,向双方当事人、第三人及其代理人送达《开庭通知书》。

当事人请求变更开庭时间和地点的,必须在开庭前3个工作日内向仲裁办提出,并说明理由。仲裁办将变更请求交仲裁庭。仲裁庭决定变更的,仲裁办将"变更开庭时间(地点)通知书",送达双方当事人、第三人和其他参与人;决定不变更的,仲裁办将"不同意变更开庭时间(地点)通知书"送达提出变更请求的当事人。

第三十二条 仲裁办工作人员应及时将开庭时间、地点、案由、仲裁庭组成人员在仲裁委员会公告栏进行公告。

仲裁办指定专人接受公民的旁听申请,登记旁听人员的身份信息、与案件当事人的关系,核发旁听证。

第三十三条 开庭前,仲裁庭询问当事人是否愿意调解,提出调解方案,并主持调解。达成调解协议的,仲裁庭制作调解书,由当事人签名或盖章。首席仲裁员将案件材料整理移交仲裁办归档,仲裁庭解散。调解不成的,开庭审理。

第三十四条 对当事人提出财产、证据保全申请的,仲裁庭进行审查,制作"财产保全移送函"、"证据保全移送函",与当事人提出的保全申请一并提交保全物所在地的基层人民法院。

第三十五条 对当事人反映仲裁员违反回避制度的,仲裁办主任进行核实。属实的,报仲裁委员会主任或仲裁委员会按程序规定办理。不属实的,向当事人说明情况。

第三节 开庭审理

第三十六条 农村土地承包经营纠纷仲裁应当公开开庭审理。仲裁员庭审应统一服装,庭审用语应当准确、规范、文明。

第三十七条 仲裁办应当为仲裁庭开庭提供场所和庭审设施设备,安排工作人员协助仲裁员开庭审理。书记员配合仲裁员完成证据展示、笔录等庭审工作。工作人员负责操作开庭审理的录音、录像设备;有证人、鉴定人、勘验人到庭的,安排其在仲裁庭外指定场所休息候传,由专人引领其出庭。

第三十八条 仲裁办核查当事人身份,安排当事人入场;核查旁听证,安排旁听人员入场。

仲裁员在合议调解庭休息等候。

第三十九条 仲裁庭庭审程序如下:

(一)书记员宣读庭审纪律,核实申请人、被申请人、第三人以及委托代理人的身份及到庭情况,并报告首席仲裁员。

（二）首席仲裁员宣布开庭，向当事人、第三人及委托代理人宣告首席仲裁员、仲裁员身份，当事人和第三人的权利义务；询问当事人是否听明白，是否申请仲裁员回避。

（三）首席仲裁员请申请人或其委托代理人陈述仲裁请求、依据的事实和理由；请被申请人或其委托代理人进行答辩。首席仲裁员总结概括争论焦点。

（四）仲裁员向当事人及第三人简要介绍有关证据规定及应承担的法律责任。组织双方当事人对自己的主张进行举证、质证。对当事人提供证人、鉴定人的，传证人、鉴定人到庭作证。对当事人提供证据的真实性无法确认的，仲裁庭在休庭期间交鉴定机构进行鉴定，在继续开庭后由首席仲裁员当庭宣读鉴定书。仲裁庭自行取证的，交双方当事人质证。

（五）在开庭审理期间，仲裁庭发现需要追加第三人的，应宣布休庭。仲裁办通知第三人参加庭审。

（六）根据案件审理情况，当事人需要补充证据的或仲裁庭需要实地调查取证的，首席仲裁员宣布休庭。仲裁员征求双方当事人意见，确定补充证据提交期间。休庭期间，仲裁员和仲裁工作人员进行调查取证。

（七）辩论结束后，首席仲裁员根据陈述、举证、质证、辩论情况，进行小结；组织双方当事人、第三人做最后陈述。

（八）首席仲裁员询问当事人是否愿意进行调解。同意调解的，仲裁员根据双方的一致意见制作调解书，并由当事人签名或盖章、签收。不同意调解的，由仲裁庭合议后作出裁决，宣布闭庭。

（九）退庭前，书记员请双方当事人、第三人核实庭审笔录，并签字盖章或者按指印。对于庭审笔录有争议的，调取录像视频材料比对确认。

第四十条 仲裁庭在做出裁决前，对当事人提出的先行裁定申请进行审查，权利义务关系比较明确的，仲裁庭可以做出维持现状、恢复农业生产以及停止取土、占地等行为的先行裁定书，并告知当事人向法院提出执行申请。

第四节 合议与裁决

第四十一条 仲裁庭在庭审调查结束后,首席仲裁员宣布休庭,组织仲裁员在合议场所进行合议。仲裁员分别对案件提出评议意见,裁决按照多数仲裁员的意见作出,少数仲裁员的不同意见记入合议笔录。合议不能形成多数意见的,按首席仲裁员意见作出裁决。书记员对合议过程全程记录,由仲裁员分别在记录上签名。

仲裁庭合议过程保密,参与合议的仲裁员、书记员不得向外界透露合议情况。合议记录未经仲裁委员会主任批准任何人不得查阅。

第四十二条 仲裁庭合议后作出裁决。首席仲裁员可以当庭向双方当事人及第三人宣布裁决结果,也可以闭庭后送达裁决书,宣布裁决结果。

对于案情重大复杂、当事人双方利益冲突较大、涉案人员众多等不宜当庭宣布裁决结果的,应以送达裁决书方式告知当事人及第三人裁决结果。

第四十三条 裁决书由首席仲裁员制作,三名仲裁员在裁决书上签字,报仲裁委员会主任(委托授权人)审核,加盖仲裁委员会印章。仲裁员签字的裁决书归档。书记员按照当事人人数打印裁决书,核对无误后,加盖仲裁委员会印章,由仲裁办指定人员送达当事人及第三人。

第四十四条 裁决书应当事实清楚,论据充分,适用法律准确、全面,格式规范。

仲裁庭对裁决书存在文字、计算等错误,或者遗漏事项需要补正的,应及时予以补正,补正裁决书应及时送达双方当事人及第三人。

第四十五条 对案情重大、复杂的案件,仲裁庭调解不成的,应报告仲裁委员会主任决定开庭审理。必要时,仲裁委员会主任可召开临时仲裁委员会全体会议研究审议。决定开庭审理的,仲裁委员会协助仲裁庭完成庭审工作。

第五节 送达与归档

第四十六条 仲裁办根据仲裁案件的受理、调解、仲裁等进度,严格按照法律规定程序和时限要求,及时送达相关文书,通知当事人、第三人及代理人参加仲裁活动。

第四十七条 仲裁办工作人员采取直接送达的,保留被送达人签收的送达回证;邮寄送达的,保留邮局的挂号收条;电话通知的,保留通话录音。被送达人拒绝签收的,工作人员可以采取拍照、录像或者法律规定的3人以上在场签字等方式,证明已送达。公告送达的,仲裁办应当保留刊登公告的相关报刊、图片等,在电子公告栏公告的,拍照留证,保留相关审批资料。

第四十八条 仲裁案件结案后10个工作日内,首席仲裁员对案件仲裁过程中涉及的文书、证据等相关资料进行整理、装订、交仲裁办归档。

第四十九条 仲裁办设立档案室,对农村土地承包纠纷调解仲裁档案进行保管。确定专人负责档案验收归档、档案查阅、保管等。制定档案查阅管理办法,明确档案查阅范围和查阅方式。

第五章 仲裁基础设施建设

第五十条 农村土地承包仲裁委员会以满足仲裁工作需要为目标,按照统一建设标准,规范开展基础设施建设。

第五十一条 农村土地承包经营纠纷仲裁基础设施建设重点为"一庭三室",包括仲裁庭、合议调解室、案件受理室、档案会商室等固定仲裁场所建设,配套音视频显示和安防监控系统等建筑设备建设。

配套仲裁日常办公设备、仲裁调查取证、流动仲裁庭设备等办案设备。

第五十二条 农村土地承包经营纠纷仲裁基础设施建设内容包括:

仲裁场所土建工程。新建或部分新建仲裁庭、合议调解室、案件受理室和档案会商室等仲裁场所,使用面积不低于268平方米。工程建设具体为门窗、墙地面、吊顶等建设及内部装修,暖通空调、供电照明和弱电系统等建筑设备安装,档案密集柜安装。

配备音视频显示系统。包括拾音、录音、扩音等音频信息采集和录播系统,文档图片视频播放、证据展示台等视频控制系统,电子公告牌、电子横幅、告示屏等显示系统及其集成。

配备安防监控系统。包括监控录像、应急安全报警联动、手机信号屏蔽、信息存储调用等系统及其集成。

配置仲裁设备。包括电子办公设备、录音录像及测绘设备和交通工具（配备具有统一标识的仲裁办案专用车）。

第五十三条 农村土地承包经营纠纷仲裁场所建设应尽可能独立成区，布局合理紧凑，以仲裁庭为中心，接待区域、庭审区域与办公区域相互隔离。具有独立的出入口，方便群众申请仲裁。

第五十四条 仲裁场所建筑设计、建造应符合经济、实用、美观的原则。建筑内部装修宜严肃、简洁、庄重，仲裁庭悬挂统一仲裁标志。建筑外观采用统一的形象标识。

第五十五条 编制仲裁委员会办公办案场所及物质装备建设计划，确定专人组织实施建设项目。

第六章 仲 裁 制 度

第五十六条 制定印章管理办法。仲裁委员会印章由仲裁办明确专人管理。严格执行审批程序，印章使用需经仲裁办主任批准或授权。明确印章使用范围，印章管理人员应对加盖印章的各类仲裁文书及材料进行审查、留档，设立印章使用登记簿，并定期对登记清单进行整理、归档备查。

第五十七条 制定仲裁设施设备管理办法。仲裁办明确专人负责仲裁设施设备管理。设备领用应严格执行"申请—批准—登记—归还"的程序。仲裁设施设备不得挪作他用，未经仲裁办主任批准不得出借，严禁出租盈利。

第五十八条 加强仲裁员队伍管理。仲裁员在聘任期内，因各种原因不能正常办案的，应及时告知仲裁办；因故无法承办案件的，可提出不再担任仲裁员的申请，经仲裁委员会全体会议讨论通过，批准解聘。

仲裁办根据仲裁员的业务能力、工作经验和实际表现，逐步实行仲裁员分级管理。对仲裁员的仲裁活动予以监督,保证办案过程公正、廉洁、高效。建立仲裁员管理档案,准确记录仲裁员品行表现、办案情况、参加业务培训、年度考核结果及参加仲裁委员会其他活动的情况。

第五十九条 建立案件监督管理制度。仲裁办主任对仲裁案件实行统一监督管理。对仲裁案件进行期限跟踪,对办理期限即将届满的案件,予以警示催办;对超期限未办结的,应进行专案督办,限期结案。对仲裁案件进行后续跟踪,及时掌握调解裁决后执行情况及问题。

第六十条 建立法制宣传教育工作制度。仲裁委员会接受政府委托,利用农贸会、庙会和农村各种集市,组织仲裁员和调解员开展现场法律咨询,发放法制宣传资料。乡镇调解委员会在村内设置法律宣传栏,系统解读法律,深入解析典型案例。注重发挥庭审的宣传教育作用,鼓励和组织人民群众参加庭审旁听。

第六十一条 建立完善仲裁经费管理制度。仲裁办编制仲裁工作经费预算,明确经费开支范围和开支标准,并在核定的预算范围内严格执行。各地根据当地情况制定办案仲裁员补贴和仲裁工作人员劳务费用补助标准,妥善解决仲裁员补贴和仲裁工作人员的劳务费用。当事人委托进行证据专业鉴定的,鉴定费用由当事人承担。

第六十二条 建立仲裁档案管理制度。案件结案后仲裁员应及时将案件材料归档,应归必归,不得短缺和遗漏。规范档案整理装订。落实档案管理岗位责任制,强化档案保管安全,严格档案借阅、查阅手续。当事人及其他相关人员在档案管理员指定地点查阅、复印调解书、裁决书、证据等非保密档案资料。仲裁委员会及仲裁办内部人员调阅仲裁档案,须经仲裁办主任批准。

第七章 附 则

第六十三条 本规范由农业部负责解释。

第六十四条 本规范自印发之日起实施。

农业部关于加强基层农村土地承包调解体系建设的意见

(2016年5月24日印发 农经发〔2016〕8号)

各省(区、市)农业(农牧、农村经济)厅(局、委):

按照中央《关于完善矛盾纠纷多元化解机制的意见》(中办发〔2015〕60号)精神要求,现就加强农村土地承包调解体系建设提出如下意见。

一、总体要求和基本原则

总体要求是:全面贯彻党的十八大和十八届三中、四中、五中全会精神,以邓小平理论、"三个代表"重要思想、科学发展观为指导,深入贯彻习近平总书记系列重要讲话精神,认真贯彻实施农村土地承包经营纠纷调解仲裁法,加强基层农村土地承包调解体系建设,完善制度,建立调解员队伍,加强能力建设,形成"乡村调解、县市仲裁、司法保障"的农村土地承包经营纠纷化解机制。

基本原则:

——坚持便民高效、符合实际。把方便群众作为出发点和落脚点,为农民群众解决纠纷提供畅通便捷渠道。乡村调解组织、调解程序和调解方式要符合当地实际、方便群众、快捷高效。

——坚持依法规范,健全制度。遵循农村土地承包法律政策要求,完善乡村土地承包调解制度,规范调解程序,运用法治思维和法治方式化解农村土地承包纠纷。

——坚持尊重实践,创新方式。充分尊重地方纠纷调解工作实践,探索多种模式完善基层土地承包调解体系,创新工作方式,积极有效开展调解工作。

——坚持多元化解,形成合力。乡村土地承包调解要与人民调解、行政调解、司法调解相衔接,加强部门配合与协作,形成多元化解矛盾纠纷合力。

二、具体要求

(一)加强农村土地承包调解组织建设。乡镇根据工作需要设立或明确农村土地承包调解委员会。农村土地承包调解委员会应当制定章程,明确成员构成、职责、议事规则等,配备调解人员,建立调解工作岗位责任制。村组应设立调解小组或指定专人调解,分区分片明确责任,实行村组土地承包经营纠纷调解负责制。

(二)加强农村土地承包调解员队伍建设。乡村农村土地承包调解员,应当熟悉农村土地承包法律政策,了解当地情况。农村土地承包调解组织应当适时对调解员进行培训。农村土地承包仲裁委员会应当指导调解员的培训。各级农村土地承包管理部门要积极争取各级财政扶持,充分利用"三农"有关培训项目开展调解人员培训,力争用3到5年时间将农村土地承包调解人员轮训一遍,建立一支群众信得过的调解员队伍。

(三)加强农村土地承包经营纠纷调解能力建设。乡镇要充分利用和整合现有资源,配备必要设施设备,改善农村土地承包调解委员会工作条件,保障工作经费。利用"互联网+"等现代信息技术,打造乡镇纠纷化解、法律宣传、咨询服务三位一体的综合平台。村组要综合利用现有场所、设施设备等资源,夯实纠纷调解工作基础,争取各级财政支持,开展法律政策宣传,察验民情民意,消除纠纷隐患,建立纠纷化解第一道防线。

(四)规范农村土地承包调解工作

1. 明确调解范围。农村土地承包调解范围是:因订立、履行、变更、解除和终止农村土地承包合同发生的纠纷;因农村土地承包经营权转包、出租、互换、转让、入股等流转发生的纠纷;因收回、调整承包地发生的纠纷;因确认农村土地承包经营权发生的纠纷;因侵害农村土地承包经营权发生的纠纷;农民请求调解的其他农村土地承包经营纠纷。

2.规范调解程序。调解可参照如下程序进行:(1)当事人申请调解的,村组或乡镇农村土地承包调解委员会应当调解;农村土地承包调解员也可以主动调解。(2)调解由1-2名调解员进行。调解员应充分听取当事人的陈述,讲解有关法律法规和国家政策,耐心疏导,引导当事人平等协商、互谅互让,达成调解协议。当事人要求调查取证的,调解员可以进行。(3)调解员应根据当事人达成的协议,依法制作调解协议书。双方当事人和解后要求制作调解协议书的,调解员可以制作。调解协议书由双方当事人签名、盖章或者按指印,经调解人员签名并加盖调解组织印章后生效。调解不成的,调解员应告知当事人可以通过仲裁、诉讼等途径解决纠纷。(4)调解员应当将双方当事人基本情况、争议内容、调查取证、调解情况记录、调解协议书等材料立卷归档。

3.健全调解工作制度。乡镇农村土地承包调解委员会应当制定章程,建立纠纷受理、调解、履行、回访等工作制度。建立矛盾纠纷定期通报、研判等制度。加强风险防控,建立信息反馈制度,及时向有关部门提供纠纷信息。建立告知引导制度,引导当事人依法维护自身权益。建立调解工作定期考评制度。

三、加强领导和工作保障

按照"属地管理"和"谁主管谁负责"原则,将基层农村土地承包调解工作纳入基层党委政府提升社会治理能力、深入推进平安建设、法制建设的总体部署,加强领导。各级农村土地承包管理部门要按照中央要求,指导乡村调解工作,配合综治组织,开展农村土地承包调解工作考核。县级以上人民政府有关部门应当按照职责分工,支持农村土地承包调解组织依法开展工作。各地要将乡村调解工作经费纳入财政预算予以保障,适当安排调解员工作补贴经费。

最高人民法院关于审理涉及农村土地承包纠纷案件适用法律问题的解释

[2005年3月29日最高人民法院审判委员会第1346次会议通过、2005年7月29日公布、自2005年9月1日起施行(法释〔2005〕6号) 根据2020年12月23日最高人民法院审判委员会第1823次会议通过、2020年12月29日公布、自2021年1月1日起施行的《最高人民法院关于修改〈最高人民法院关于在民事审判工作中适用《中华人民共和国工会法》若干问题的解释〉等二十七件民事类司法解释的决定》(法释〔2020〕17号)修正]

为正确审理农村土地承包纠纷案件,依法保护当事人的合法权益,根据《中华人民共和国民法典》《中华人民共和国农村土地承包法》《中华人民共和国土地管理法》《中华人民共和国民事诉讼法》等法律的规定,结合民事审判实践,制定本解释。

一、受理与诉讼主体

第一条 下列涉及农村土地承包民事纠纷,人民法院应当依法受理:
(一)承包合同纠纷;
(二)承包经营权侵权纠纷;
(三)土地经营权侵权纠纷;

（四）承包经营权互换、转让纠纷；

（五）土地经营权流转纠纷；

（六）承包地征收补偿费用分配纠纷；

（七）承包经营权继承纠纷；

（八）土地经营权继承纠纷。

农村集体经济组织成员因未实际取得土地承包经营权提起民事诉讼的，人民法院应当告知其向有关行政主管部门申请解决。

农村集体经济组织成员就用于分配的土地补偿费数额提起民事诉讼的，人民法院不予受理。

第二条 当事人自愿达成书面仲裁协议的，受诉人民法院应当参照《最高人民法院关于适用〈中华人民共和国民事诉讼法〉的解释》第二百一十五条、第二百一十六条的规定处理。

当事人未达成书面仲裁协议，一方当事人向农村土地承包仲裁机构申请仲裁，另一方当事人提起诉讼的，人民法院应予受理，并书面通知仲裁机构。但另一方当事人接受仲裁管辖后又起诉的，人民法院不予受理。

当事人对仲裁裁决不服并在收到裁决书之日起三十日内提起诉讼的，人民法院应予受理。

第三条 承包合同纠纷，以发包方和承包方为当事人。

前款所称承包方是指以家庭承包方式承包本集体经济组织农村土地的农户，以及以其他方式承包农村土地的组织或者个人。

第四条 农户成员为多人的，由其代表人进行诉讼。

农户代表人按照下列情形确定：

（一）土地承包经营权证等证书上记载的人；

（二）未依法登记取得土地承包经营权证等证书的，为在承包合同上签名的人；

（三）前两项规定的人死亡、丧失民事行为能力或者因其他原因无法进行诉讼的，为农户成员推选的人。

二、家庭承包纠纷案件的处理

第五条 承包合同中有关收回、调整承包地的约定违反农村土地承包法第二十七条、第二十八条、第三十一条规定的,应当认定该约定无效。

第六条 因发包方违法收回、调整承包地,或者因发包方收回承包方弃耕、撂荒的承包地产生的纠纷,按照下列情形,分别处理:

(一)发包方未将承包地另行发包,承包方请求返还承包地的,应予支持;

(二)发包方已将承包地另行发包给第三人,承包方以发包方和第三人为共同被告,请求确认其所签订的承包合同无效、返还承包地并赔偿损失的,应予支持。但属于承包方弃耕、撂荒情形的,对其赔偿损失的诉讼请求,不予支持。

前款第(二)项所称的第三人,请求受益方补偿其在承包地上的合理投入的,应予支持。

第七条 承包合同约定或者土地承包经营权证等证书记载的承包期限短于农村土地承包法规定的期限,承包方请求延长的,应予支持。

第八条 承包方违反农村土地承包法第十八条规定,未经依法批准将承包地用于非农建设或者对承包地造成永久性损害,发包方请求承包方停止侵害、恢复原状或者赔偿损失的,应予支持。

第九条 发包方根据农村土地承包法第二十七条规定收回承包地前,承包方已经以出租、入股或者其他形式将其土地经营权流转给第三人,且流转期限尚未届满,因流转价款收取产生的纠纷,按照下列情形,分别处理:

(一)承包方已经一次性收取了流转价款,发包方请求承包方返还剩余流转期限的流转价款的,应予支持;

(二)流转价款为分期支付,发包方请求第三人按照流转合同的约定支付流转价款的,应予支持。

第十条　承包方交回承包地不符合农村土地承包法第三十条规定程序的，不得认定其为自愿交回。

第十一条　土地经营权流转中，本集体经济组织成员在流转价款、流转期限等主要内容相同的条件下主张优先权的，应予支持。但下列情形除外：

（一）在书面公示的合理期限内未提出优先权主张的；

（二）未经书面公示，在本集体经济组织以外的人开始使用承包地两个月内未提出优先权主张的。

第十二条　发包方胁迫承包方将土地经营权流转给第三人，承包方请求撤销其与第三人签订的流转合同的，应予支持。

发包方阻碍承包方依法流转土地经营权，承包方请求排除妨碍、赔偿损失的，应予支持。

第十三条　承包方未经发包方同意，转让其土地承包经营权的，转让合同无效。但发包方无法定理由不同意或者拖延表态的除外。

第十四条　承包方依法采取出租、入股或者其他方式流转土地经营权，发包方仅以该土地经营权流转合同未报其备案为由，请求确认合同无效的，不予支持。

第十五条　因承包方不收取流转价款或者向对方支付费用的约定产生纠纷，当事人协商变更无法达成一致，且继续履行又显失公平的，人民法院可以根据发生变更的客观情况，按照公平原则处理。

第十六条　当事人对出租地流转期限没有约定或者约定不明的，参照民法典第七百三十条规定处理。除当事人另有约定或者属于林地承包经营外，承包地交回的时间应当在农作物收获期结束后或者下一耕种期开始前。

对提高土地生产能力的投入，对方当事人请求承包方给予相应补偿的，应予支持。

第十七条　发包方或者其他组织、个人擅自截留、扣缴承包收益或者土地经营权流转收益,承包方请求返还的,应予支持。

发包方或者其他组织、个人主张抵销的,不予支持。

三、其他方式承包纠纷的处理

第十八条 本集体经济组织成员在承包费、承包期限等主要内容相同的条件下主张优先承包的,应予支持。但在发包方将农村土地发包给本集体经济组织以外的组织或者个人,已经法律规定的民主议定程序通过,并由乡(镇)人民政府批准后主张优先承包的,不予支持。

第十九条 发包方就同一土地签订两个以上承包合同,承包方均主张取得土地经营权的,按照下列情形,分别处理:

(一)已经依法登记的承包方,取得土地经营权;

(二)均未依法登记的,生效在先合同的承包方取得土地经营权;

(三)依前两项规定无法确定的,已经根据承包合同合法占有使用承包地的人取得土地经营权,但争议发生后一方强行先占承包地的行为和事实,不得作为确定土地经营权的依据。

四、土地征收补偿费用分配及土地
承包经营权继承纠纷的处理

第二十条 承包地被依法征收,承包方请求发包方给付已经收到的地上附着物和青苗的补偿费的,应予支持。

承包方已将土地经营权以出租、入股或者其他方式流转给第三人的,除当事人另有约定外,青苗补偿费归实际投入人所有,地上附着物补偿费归附着物所有人所有。

第二十一条 承包地被依法征收,放弃统一安置的家庭承包方,请求发包方给付已经收到的安置补助费的,应予支持。

第二十二条 农村集体经济组织或者村民委员会、村民小组,可以依照法律规定的民主议定程序,决定在本集体经济组织内部分配已经收到的土地补偿费。征地补偿安置方案确定时已经具有本集体经济组织成员资格的人，请求支付相应份额的，应予支持。但已报全国人大常委会、国务院备案的地方性法规、自治条例和单行条例、地方政府规章对土地补偿费在农村集体经济组织内部的分配办法另有规定的除外。

第二十三条 林地家庭承包中，承包方的继承人请求在承包期内继续承包的，应予支持。

其他方式承包中，承包方的继承人或者权利义务承受者请求在承包期内继续承包的，应予支持。

五、其他规定

第二十四条 人民法院在审理涉及本解释第五条、第六条第一款第（二）项及第二款、第十五条的纠纷案件时，应当着重进行调解。必要时可以委托人民调解组织进行调解。

第二十五条 本解释自2005年9月1日起施行。施行后受理的第一审案件，适用本解释的规定。

施行前已经生效的司法解释与本解释不一致的，以本解释为准。

最高人民法院关于审理涉及农村土地承包经营纠纷调解仲裁案件适用法律若干问题的解释

[2013年12月27日最高人民法院审判委员会第1601次会议通过、2014年1月9日公布、自2014年1月24日起施行(法释〔2014〕1号) 根据2020年12月23日最高人民法院审判委员会第1823次会议通过、2020年12月29日公布、自2021年1月1日起施行的《最高人民法院关于修改〈最高人民法院关于在民事审判工作中适用《中华人民共和国工会法》若干问题的解释〉等二十七件民事类司法解释的决定》(法释〔2020〕17号)修正]

为正确审理涉及农村土地承包经营纠纷调解仲裁案件,根据《中华人民共和国农村土地承包法》《中华人民共和国农村土地承包经营纠纷调解仲裁法》《中华人民共和国民事诉讼法》等法律的规定,结合民事审判实践,就审理涉及农村土地承包经营纠纷调解仲裁案件适用法律的若干问题,制定本解释。

第一条 农村土地承包仲裁委员会根据农村土地承包经营纠纷调解仲裁法第十八条规定,以超过申请仲裁的时效期间为由驳回申请后,当事人就同一纠纷提起诉讼的,人民法院应予受理。

第二条 当事人在收到农村土地承包仲裁委员会作出的裁决书之日起三十日后或者签收农村土地承包仲裁委员会作出的调解书后,就同一纠纷向人民法院提起诉讼的,裁定不予受理;已经受理的,裁定驳回起诉。

第三条 当事人在收到农村土地承包仲裁委员会作出的裁决书之日起三十日内,向人民法院提起诉讼,请求撤销仲裁裁决的,人民法院应当告知当事人就原纠纷提起诉讼。

第四条 农村土地承包仲裁委员会依法向人民法院提交当事人财产保全申请的,申请财产保全的当事人为申请人。

农村土地承包仲裁委员会应当提交下列材料:

(一)财产保全申请书;

(二)农村土地承包仲裁委员会发出的受理案件通知书;

(三)申请人的身份证明;

(四)申请保全财产的具体情况。

人民法院采取保全措施,可以责令申请人提供担保,申请人不提供担保的,裁定驳回申请。

第五条 人民法院对农村土地承包仲裁委员会提交的财产保全申请材料,应当进行审查。符合前条规定的,应予受理;申请材料不齐全或不符合规定的,人民法院应当告知农村土地承包仲裁委员会需要补齐的内容。

人民法院决定受理的,应当于三日内向当事人送达受理通知书并告知农村土地承包仲裁委员会。

第六条 人民法院受理财产保全申请后,应当在十日内作出裁定。因特殊情况需要延长的,经本院院长批准,可以延长五日。

人民法院接受申请后,对情况紧急的,必须在四十八小时内作出裁定;裁定采取保全措施的,应当立即开始执行。

第七条 农村土地承包经营纠纷仲裁中采取的财产保全措施,在申请保全的当事人依法提起诉讼后,自动转为诉讼中的财产保全措施,并适用《最高人民法院关于适用〈中华人民共和国民事诉讼法〉的解释》第四百八十七条关于查封、扣押、冻结期限的规定。

第八条 农村土地承包仲裁委员会依法向人民法院提交当事人证据保全申请的,应当提供下列材料:

(一)证据保全申请书;

(二)农村土地承包仲裁委员会发出的受理案件通知书;

(三)申请人的身份证明;

(四)申请保全证据的具体情况。

对证据保全的具体程序事项,适用本解释第五、六、七条关于财产保全的规定。

第九条 农村土地承包仲裁委员会作出先行裁定后,一方当事人依法向被执行人住所地或者被执行的财产所在地基层人民法院申请执行的,人民法院应予受理和执行。

申请执行先行裁定的,应当提供以下材料:

(一)申请执行书;

(二)农村土地承包仲裁委员会作出的先行裁定书;

(三)申请执行人的身份证明;

(四)申请执行人提供的担保情况;

(五)其他应当提交的文件或证件。

第十条 当事人根据农村土地承包经营纠纷调解仲裁法第四十九条规定,向人民法院申请执行调解书、裁决书,符合《最高人民法院关于人民法院执行工作若干问题的规定(试行)》第十六条规定条件的,人民法院应予受理和执行。

第十一条 当事人因不服农村土地承包仲裁委员会作出的仲裁裁决向人民法院提起诉讼的,起诉期从其收到裁决书的次日起计算。

第十二条 本解释施行后,人民法院尚未审结的一审、二审案件适用本解释规定。本解释施行前已经作出生效裁判的案件,本解释施行后依法再审的,不适用本解释规定。